ESQUISSES

DE

DROIT PUBLIC ET ADMINISTRATIF

A L'USAGE DES CANDIDATS

AUX EMPLOIS SUPÉRIEURS DE L'ADMINISTRATION DE LA GUERRE

PAR E. PEZERIL

Docteur en droit, Sous-Intendant militaire.

(1^r, 2e et 3e FASCICULES.)

A PARIS

Chez VICTOR ROZIER, EDITEUR

75, RUE DE VAUGIRARD, 75

Près la rue de Rennes.

ESQUISSES

DE

DROIT PUBLIC ET ADMINISTRATIF

A L'USAGE DES CANDIDATS

AUX EMPLOIS SUPÉRIEURS DE L'ADMINISTRATION DE LA GUERRE

PAR E. PEZERIL

Docteur en droit, Sous-Intendant militaire.

> « Tant qu'on n'en est encore qu'à recueillir
> « des décisions isolées, des observations
> « de détail, des faits variables et accidentels,
> « on est exposé à se perdre dans ce laby-
> « rinthe, à hésiter, à être envahi par le
> « doute; c'est quand une vérité générale
> « apparaît que se montre le fil conducteur.»

(M. le Procureur-Général Renouard, Discours de rentrée en 1873).

SAINT-BRIEUC

IMPRIMERIE-LIBRAIRIE-LITHOGRAPHIE DE L. PRUD'HOMME.

1874

AVERTISSEMENT

Le titre même de cet ouvrage dit assez que nous n'avons pas l'intention d'écrire un *Traité de droit public et administratif;* qu'il soit donc bien entendu que notre seul but est de présenter d'une manière succincte et suivant l'ordre dans lequel les idées s'enchaînent le plus naturellement, des notions fondamentales auxquelles toutes les autres puissent se rattacher, soit comme conséquences, soit comme exceptions. Les quelques lignes consacrées à chaque matière ont bien moins pour objet d'en offrir un résumé, que de faire comprendre, aussi exactement que possible, de quoi il s'agit, à quel point de vue telle ou telle question doit être examinée. Aux diverses classifications suivies, dans nos Facultés, pour l'enseignement du droit administratif, nous avons essayé d'en substituer une plus rationnelle et faisant mieux ressortir les rapports intimes et nécessaires qui existent entre le droit civil et le droit administratif.

La connaissance des textes étant la base essentielle de toute étude juridique, nous avons soigneusement cité les sources, de manière à étendre bien au-delà de son contenu littéral l'utilité de cette modeste publication. Mais nous ne signalons pas les questions controversées ; nous ne citons que peu d'ouvrages à l'appui des principes que nous exposons, et nous laissons de côté des notions historiques qui, malgré leur importance, ne pourraient tenir ici qu'une place secondaire. Si cette sobriété devait nous être reprochée, voici notre réponse : ceux auxquels nous nous adressons doivent, comme disait Claude Fleury, « cher- « cher le milieu entre le savoir scolastique des « docteurs de lois et l'ignorance grossière des « purs praticiens », etpourvu qu'ils saisissent bien la signification et la portée des lois ou autres actes qu'ils sont chargés d'appliquer, ils peuvent, à la rigueur, se dispenser de savoir que telle règle de droit nous vient des Douze Tables ou des coutumes germaniques.

E. P.

TABLE ANALYTIQUE

DES MATIÈRES

INTRODUCTION

DROIT PUBLIC

Notions préliminaires

DROIT ADMINISTRATIF

PREMIÈRE PARTIE. — Des personnes.

EXPLICATION DES ABRÉVIATIONS.

Arg. art.	Argument tiré de l'article.
A.	Arrêté.
C. Co.	Code de commerce.
C. M.	Code de justice militaire (1857)
C. N.	Code Napoléon.
C. P.	Code pénal.
C. Pr.	Code de procédure.
Cons. d'Et.	Conseil d'Etat.
Const.	Constitution.
D.	Décret.
Ex.	Exemple.
I. C.	Code d'instruction criminelle.
L.	Loi.
O.	Ordonnance.
S. C.	Sénatus-consulte.

INTRODUCTION

1. Notion du droit.
2. Droit philosophique ou rationnel. — Droit positif.
3. Droit privé. — Droit public. — Droit international.

1. Le *droit* est l'ensemble des préceptes ou règles de conduite à l'observation desquels l'homme peut être astreint par voie de contrainte extérieure ou physique. Le mot homme est pris ici, soit dans un sens individuel, soit dans un sens collectif (1).

La morale qui embrasse toutes les règles de conduite de l'homme, comprend aussi le droit qui, suivant l'expression bien connue de Benttham, n'est alors qu'un petit cercle dans un plus grand (2).

Le mot *droit* s'emploie encore pour désigner l'effet du droit par rapport à la personne appelée à recueillir immédiatement le bénéfice des règles

---

(1) Il ne faut pas chercher un autre sens du mot *droit* dans ces expressions : « faire droit à une demande, avant-faire droit, etc., qui ne sont que des gallicismes dans lesquels « *faire droit* » veut dire *appliquer le droit*. C'est ainsi qu'on disait à Rome : *jus dicere.*

(2) Du reste, même les règles purement morales ne sont pas absolument étrangères à la science du droit et ne doivent pas être ignorées de celui qui applique les lois positives: (Art. 6, 900, 1133, 1172, 1387). C. N.

consacrées par le droit. C'est ainsi qu'on dit : « J'ai un droit d'usufruit sur cet immeuble. » On voit que, dans cette seconde acception, le mot *droit* signifie un intérêt garanti par le droit tel que nous l'avons défini d'abord.

2. Considéré sous le rapport de son origine, le droit se divise en droit philosophique ou rationnel et en droit positif.

Le droit rationnel est l'ensemble des règles de conduite extérieurement exigibles qui résultent de la nature même de l'homme, auxquelles on arrive par le secours de la seule raison, indépendamment de ce que les pouvoirs publics ont voulu et établi (1).

L'ensemble des règles que le pouvoir social établit et sanctionne par le secours de la force publique, forme ce qu'on appelle le droit positif, lequel n'est qu'un fait lorsqu'il est contraire au droit rationnel. Ces règles portent le nom de *lois*.

Le droit positif se subdivise en droit *écrit* ou *non écrit*, suivant qu'il a été promulgué par le législateur, ou qu'il ne s'est manifesté que par la pratique, c'est-à-dire par l'observation de certaines règles que l'opinion publique considère comme juridiquement obligatoires (2).

---

(1) C'est à ce droit qu'on appelle *droit naturel*, que se rapporte ce passage de Cicéron : « *Est quidem vera lex, recta ratio, naturæ congruens, diffusa* « *in omnes, sempiterna, quæ vocet ad officium jubendo, vetando a fraude* « *deterreat,...... nec erit alia lex Romæ, alia Athenis; alia nunc, alia* « *posthac, sed et omnes gentes et omni tempore, una lex et sempiterna et* « *immutabilis continebit* ». Cicero, *de re publ.*, III. 17.

(2) Ex : Art. 590, 593, 608, 663, 671, 674, 1135, etc. C. N.

3. Voici maintenant une autre division tirée de l'objet même du droit, c'est-à-dire des personnes entre lesquelles les rapports de droit s'établissent.

Les rapports des hommes entr'eux ne se bornent pas au fait de leur co-existence ici-bas; l'association civile est encore un fait universel. Tous les hommes ne sont pas réunis en une seule et même société; cela dépasserait les possibilités humaines. L'humanité est fractionnée en divers groupes qu'on appelle *état, peuple, nation* (1), et qui, pas plus que les individus, ne sauraient rester étrangers les uns aux autres. Nous avons donc deux termes : l'homme considéré individuellement et l'homme considéré collectivement, entre lesquels peuvent s'établir les rapports de droit ; la combinaison de chacun de ces termes avec l'autre et avec lui-même nous donne trois classes de rapports, savoir :

1° Rapports d'individu à individu, d'où le droit privé qui comprend le droit civil proprement dit, le droit commercial, la procédure civile et quelques règles propres à la procédure commerciale.

2° Rapports de la société, considérée comme corps moral, avec les individus qui la composent; d'où le droit public qui se subdivise en trois parties : droit public proprement dit ou droit politique et constitutionnel; droit administratif; droit pénal.

---

(1) Ces trois mots qu'on emploie souvent l'un pour l'autre, ne sont pas absolument synonymes : le mot *nation*, s'entend de la communauté d'origine ; le mot *peuple*, de la communauté de territoire ; le mot *état*, de la communauté de lois ou de gouvernement.

3° Enfin, rapports de chaque société ou des individus qui la composent, avec ceux qui n'en font pas partie; d'où le droit international qui se subdivise en droit international public et droit international privé.

Ce travail n'a pour objet que l'étude du droit public et administratif; nous traiterons ailleurs du droit criminel et du droit international.

DROIT PUBLIC

NOTIONS PRÉLIMINAIRES

4. Le droit public a pour objet : 1º l'organisation des pouvoirs qui président à la marche de la société ; 2º les droits primordiaux garantis aux citoyens et les conditions auxquelles ils en ont la jouissance et l'exercice. L'étude de cette branche du droit devrait donc faire partie intégrante de toute éducation libérale.

5. On ne peut concevoir l'Etat sans une puissance souveraine qui commande à tous les membres de l'association. Cette souveraineté (1) qui ne peut résider que dans un prince (état monarchique), ou dans une aristocratie (état aristocratique), ou dans une démocratie (état démocratique), forme ce qu'on appelle le *pouvoir constituant*.

---

(1) Il ne s'agit pas ici d'une souveraineté *absolue*, mais ien d'une souveraineté *relative*, subordonnée à la raison et à Dieu.

6. On appelle *gouvernement* (1), l'ensemble des pouvoirs *constitués* (organisés par le pouvoir constituant), savoir : le *législatif* chargé d'établir les règles de conduite imposées aux citoyens, de faire ce qu'on appelle les *lois; l'exécutif* auquel il appartient d'exécuter et de faire exécuter les lois; et le pouvoir *judiciaire* (2) chargé d'appliquer les lois aux contestations qui s'élèvent, ou aux infractions qui ont pu être commises. Les pouvoirs constitués peuvent être remis entre les mains d'un seul, de plusieurs ou de tous *(unus, pauci, plurimi)*, d'où la distinction des gouvernements en *monarchies, aristocraties* et *démocraties.* Ces trois types peuvent être mélangés pour former ce qu'on appelle des *gouvernements mixtes* qui diffèrent entre eux par la prédominance plus ou moins accentuée de l'un des éléments qui caractérisent les trois formes politiques simples (3).

---

(1) Le mot *gouvernement* ne s'emploie pas seulement dans le sens dans lequel nous le prenons ici. Il s'applique plus souvent au pouvoir législatif et au pouvoir exécutif pris ensemble lorsqu'on parle de ces deux pouvoirs par opposition au pouvoir judiciaire; c'est dans ce sens qu'on dit que le pouvoir judiciaire ne doit pas s'immiscer dans les actes du Gouvernement. Enfin le même mot s'applique plus particulièrement encore au pouvoir exécutif ou même à une certaine catégorie d'actes de ce pouvoir : c'est ainsi qu'on dit que le Gouvernement a pris telle mesure. Voir Rossi, *Droit constitutionnel*, T. III, p. 232, et ci-après, N° 17.

(2) Certains auteurs n'admettent que deux pouvoirs constitués : le pouvoir législatif et le pouvoir exécutif, et ne voient dans ce que nous appelons le pouvoir judiciaire qu'une branche du pouvoir exécutif. Il n'y a là, selon nous, qu'une question de mots.

(3) C'est aux gouvernements mixtes qui ont pris dans l'Europe moderne un développement inconnu dans le passé de l'histoire, que les publicistes les plus éminents s'accordent à donner la préférence. (Voir M. de Parieu, *Principes de la science politique*, p. 168 et suiv.)

7. Il importe de ne pas perdre de vue la distinc=
tion entre la *Souveraineté* et le *Gouvernement* (1).
Les formes du gouvernement sont variables à
l'infini, tandis que la Souveraineté ne peut résider
que dans un prince, une aristocratie, ou tout le
peuple. Si le peuple nomme un roi sous certaines
conditions, le gouvernement sera monarchique,
mais le souverain sera le peuple, l'Etat sera
populaire et la royauté dominée par la démocratie.
Ainsi des autres formes de gouvernement.

8. La classification des gouvernements en monarchies, aristocraties et démocraties a l'inconvé-
nient grave de ne tenir compte que des formes
extrinsèques (2), et ne peut guère suffire qu'à
ceux qui se paient de mots. En allant au fond
des choses, en classant les gouvernements d'après
leurs caractères intimes et essentiels, on arrive
à des distinctions bien autrement importantes.
C'est ainsi qu'on distingue entre les gouvernements *nationaux* et les gouvernements *spéciaux*
ou de *privilége*. Si le gouvernement, quelle que
soit sa forme, quel que soit son nom, a pour
principe dirigeant l'intérêt général, le respect de
l'égalité devant la loi, les moyens de développement pour tous et pour chacun, on a ce qu'on
appelle un gouvernement national. Si, au contraire,

---

(1) Cette distinction entre la *Souveraineté* et le *Gouvernement* paraît avoir
été formulée pour la première fois par Bodin, le Montesquieu du seizième siècle.
(République, liv. 1er, ch. VIII.

(2) For forms of government let fools contest.
Whate'er is best administr'd is best.
(Pope, *Essai sur l'homme*, Ep. III.)

un intérêt particulier quelconque (individuel, de caste, de commerce, ou tout autre), devient le principe dirigeant du gouvernement, celui-ci sera un gouvernement spécial ou de privilége.

9. C'est ainsi encore qu'on distingue, d'une part, les gouvernements qui, au lieu de se borner au soin des intérêts généraux, s'attribuent d'une façon plus ou moins complète la gestion des intérêts de ces communautés plus restreintes qui existent au sein de l'Etat (provinces, départements, communes, etc.) et vont parfois jusqu'à se substituer à l'individu lui-même, ce qui amène l'apoplexie au centre et la mort aux extrémités, et, d'autre part, les gouvernements qui font une large part à la spontanéité individuelle et pour lesquels les Anglais ont créé le nom de *Self-government*. Cette distinction se résume dans deux mots bien connus : *centralisation* ou *décentralisation* (1).

10. Enfin, étant donné un gouvernement, il importe de rechercher si les pouvoirs législatif, exécutif et judiciaire sont ou ne sont pas confon-

---

(1) On peut appliquer à la centralisation une comparaison imaginée pour une compagnie célèbre, et dire : « C'est une épée dont la poignée est dans la capitale « et la pointe dans le reste de l'Etat. » — Dans le langage ordinaire, et même dans des textes officiels, les mots centralisation et décentralisation sont parfois détournés de leur véritable sens et employés aux lieu et place des mots *concentration* et *déconcentration*. C'est ainsi qu'un décret du 25 mars 1852 est intitulé : Décret de *décentralisation* administrative. Ce nom ne saurait convenir au « simple trans- « fert d'une partie des attributions du ministre au préfet ; l'action centrale n'en « est diminuée en rien, elle est seulement rapprochée de l'administration ; c'est « toujours le même marteau qui frappe, seulement on en a raccourci le manche. » Odilon-Barrot, *Lettre aux auteurs du projet de décentralisation*, de Nancy.

us dans les mêmes mains. La *séparation des ouvoirs*, base essentielle et fondamentale de la plupart des constitutions modernes, ne consiste pas dans une absence complète, rigoureuse, absolue de tout point de contact entre ces pouvoirs : trois roues simplement juxtaposées sans engrener entr'elles, ne sauraient former une achine. Quand on parle de séparation des pouvoirs, on veut dire qu'ils doivent être séparés e manière qu'aucun d'eux ne soit dans la dépendance de l'autre (1).

(1) Voir ci-après, Nos 18, 20 et 21. — En établissant une incompatibilité absolue entre les fonctions publiques et le mandat de député, les constitutions de 1791 et de l'an III avaient exagéré le principe de la séparation des pouvoirs et réé entre les pouvoirs législatif et exécutif une source intarissable d'antagonisme de conflits.

CHAPITRE PREMIER

Organisation des pouvoirs publics en France.

11. **Du pouvoir constituant.**
12. **Du pouvoir législatif.**
13. **De l'interprétation des lois.**
14. **De l'abrogation des lois.**
15. **Des actes antérieurs ou postérieurs à 1789 qui ont force de loi.**
16. **Du pouvoir exécutif.**
17. **Division du pouvoir exécutif en deux branches.**
18. **Situation du pouvoir exécutif à l'égard du pouvoir législatif.**
19. **Du pouvoir judiciaire.**
20. **Situation du pouvoir judiciaire à l'égard du pouvoir législatif.**
21. **Situation du pouvoir judiciaire à l'égard du pouvoir exécutif.**

11. Sous l'ancienne monarchie française, il n'y avait pas de constitution écrite ; le seul souverain, c'était le roi. L'idée d'un pouvoir constituant n'apparaît qu'à la veille de la Révolution. Depuis cette époque, toutes nos constitutions moins une (1), proclament que la souveraineté est inhérente à la société politique, et que, par conséquent, elle est indivisible et inaliénable (2).

12. Aujourd'hui, l'initiative des lois appartient au chef du pouvoir exécutif et à l'Assemblée natio-

---

(1) La charte de 1814. Voir le préambule de cette charte.

(2) Const. 1791, préamb., art. 3 et tit. III, art. 1 et 2 ; 1793, art. 25 et 26 ; an III, préamb., art. 17 et 18, et tit. 1er, art. 2 ; const. 1848, art 1er ; const. 1852, art. 1er et 32 ; const. 1870, art. 1er et 44.

nale. De ce droit d'initiative dont l'Assemblée est investie, découle rationnellement pour elle :

1° Le droit d'interpellation (1) ;
2° Le droit de procéder à des enquêtes ;
3° Le droit de recevoir des pétitions (2).

Tout projet de loi ; quelle qu'en soit l'origine, peut d'abord être renvoyé à l'examen du conseil d'Etat (3) ; il est ensuite examiné et discuté par l'Assemblée qui peut l'amender, (le droit d'amendement est un complément du droit d'initiative), l'adopter ou le rejeter. Si l'Assemblée l'adopte, le projet devient loi. Le chef du pouvoir exécutif n'a pas à la sanctionner, mais seulement à la promul guer (4).

L'Assemblée ne vote pas seulement des lois ; elle prend encore d'autres résolutions, par exemple pour faire ou modifier son règlement intérieur (5), pour voter des remerciments aux troupes (6), etc., etc. Dans tous les cas, elle procède par voie de proposition, discussion et vote.

13. Lorsque le texte d'une loi est obscur ou ambigü, il y a lieu à *interprétation*. On distingue l'interprétation privée, l'interprétation judiciaire ou administrative, et l'interprétation législative.

---

(1) L. 13-19 mars 1873, art. 4.

(2) Voir ci-après, nᵒˢ 40 et 41.

(3) L. 24-31 mai 1872, art. 8.

(4) Voir ci-après, nᵒ 16.

(5) Ex : Résolution du 3 juillet 1873 portant modification du règlement de l'Assemblée en ce qui concerne les pétitions.

(6) Ex : Résolution du 4 avril 1871.

L'interprétation privée est celle qui émane des jurisconsultes ; elle ne vaut que par la science et la réputation de son auteur.

Lorsqu'une autorité quelconque , judiciaire ou administrative, applique une loi dans un sens plutôt que dans un autre, elle l'interprète ; mais cette interprétation n'a de valeur que pour l'affaire à propos de laquelle elle a été donnée (1).

L'interprétation par voie d'autorité, de règlement ou de disposition générale, avec effet rétroactif, ne peut aujourd'hui être donnée que par le pouvoir législatif. En d'autres termes , le pouvoir législatif est le seul qui, à une disposition de loi obscure ou ambigüe, puisse substituer un texte ayant la même autorité que le texte primitif (2).

La loi française ne contient pas de règles sur l'interprétation des lois ; mais les règles établies pour l'interprétation des contrats peuvent en tenir lieu , puisque les lois expriment la volonté du législateur, comme les contrats celle des parties contractantes (3).

14. La loi ne peut être abrogée, soit en totalité, soit en partie, que par le législateur seul. L'abrogation est expresse lorsqu'elle est formellement

---

(1) Art. 4 et 5 , C. N. ; art. 505 , 4º, 506 et suiv. C. Pr.; art 127 et 185, C. P. — On appelle *jurisprudence* l'habitude prise par les tribunaux d'appliquer une loi dans tel sens plutôt que dans tel autre.

(2) Voir la note précédente. — La loi du 16 septembre 1807 avait attribué l'interprétation des lois au pouvoir exécutif seul, sans le concours des chambres; cette loi a été abrogée par une loi du 30 juillet 1807 qui, elle-même , a été remplacée par la loi du 1er avril 1837.

(3) Art. 1134 et 1156-1164, C. N.

exprimée dans la loi nouvelle ; elle est tacite quand la loi nouvelle renferme des dispositions contraires aux lois antérieures sans exprimer qu'elle les abroge.

Sous l'empire d'une constitution qui établit la séparation des pouvoirs, organise le pouvoir législatif, soumet à des conditions et des formes spéciales la proposition et le vote des lois, il est impossible d'admettre que la loi peut être abrogée par un usage contraire ou tomber en désuétude par le non-usage.

15. Les lois faites par les pouvoirs législatifs organisés en France depuis la Révolution, ne sont pas les seuls actes qui aient force de loi.

Certains actes antérieurs à 1789, émanés de la royauté ou même de certaines autorités locales, continuent à être observés comme lois jusqu'à ce qu'il en soit autrement ordonné (1).

Il en est de même de divers actes postérieurs à 1789, qui ne sont pas l'œuvre du pouvoir législatif proprement dit. Tels sont les avis du conseil d'Etat approuvés par Napoléon Ier et portant interprétation des lois (2), et les décrets rendus par le prince Louis Napoléon, depuis le 2 décembre

______

(1) L. 19-22 juillet 1791, tit. 1er, art. 29.

(2) L. 16 septembre 1807. — On est allé jusqu'à soutenir la *légalité* des décrets impériaux, même *inconstitutionnels*, rendus antérieurement à 1814, en donnant cette singulière raison qu'ils n'avaient pas été attaqués devant le Sénat pour inconstitutionnalité, soit par le Tribunat, soit par les citoyens, comme le permettait la constitution de l'an VIII (art. 21, 28 et même 83), et que le Sénat lui-même ne les avait pas annulés d'office.

1851 jusqu'au 29 mars 1852 (1). Tels sont encore certains actes du Gouvernement de la Défense nationale et de la Délégation de Tours et de Bordeaux (2).

16. Le chef du pouvoir exécutif porte aujourd'hui le titre de Président de la République. Il est responsable devant l'Assemblée (3).

Nous avons déjà dit qu'il est chargé de la promulgation des lois. Il en surveille et assure l'exécution ; il fait les règlements et décrets nécessaires (4). Il peut déclarer l'état de siége, mais seulement dans les départements autres que celui ou réside l'Assemblée (5). Il a le droit de grâce, mais non le droit d'amnistie (6).

Il communique avec l'Assemblée par des messages. Toutefois il peut être entendu par elle dans la discussion des lois, comme aussi dans la discussion des interpellations ou pétitions qui soulè-

---

(1) Const. 14 janvier 1852, art. 58.

(2) Voir la résolution adoptée par l'Assemblée nationale dans sa séance du 23 juin 1871. On a considéré que le Gouvernement du 4 septembre, en sa qualité de pouvoir dictatorial, avait le droit de légiférer, et que, si tous les actes émanés de lui portent la dénomination de décrets, il n'en est pas moins vrai que, suivant l'importance de la matière qu'ils traitent, ils ont le caractère de lois, de décrets ou de règlements.

(3) L. 31 août-3 sept. 1871, art. 1 et 3 ; L. 20-22 nov. 1873.

(4) L. 5-11 nov. 1870 ; 2-8 sept. 1871 ; L. 13-19 mars 1873 ; D. 11 avril 1873 ; art. 1er C. N. — La promulgation est l'ordre de publier la loi c'est la première condition, le premier moyen de son exécution, et voilà pourquoi elle appartient au pouvoir exécutif. — L. 31 août-3 septembre 1871, art. 2.

(5) L. 28 avril 1871.

(6) L. 17 juin 1871.

vent des questions ayant trait à la politique générale du Gouvernement (1).

Il nomme et révoque les ministres. Le conseil des ministres et les ministres sont responsables devant l'assemblée (2).

Chacun des actes du président doit être contre-signé par un ministre (3).

17. Le pouvoir exécutif dont nous venons d'indiquer sommairement les attributions, se divise en deux branches, savoir : le gouvernement *(stricto sensu)* (4) et l'administration (5).

Dans le sens dans lequel nous le prenons ici, le mot gouvernement signifie la direction des affaires communément appelées *politiques*, telles que : rapports du chef de l'Etat avec l'Assemblée nationale, relations avec les puissances étrangères, emploi de la force armée, etc. etc. Les actes de gouvernement ne sont soumis qu'au contrôle du pouvoir législatif et de l'opinion publique.

Quant à l'administration dont nous ne parlons maintenant que pour mémoire, on peut la définir

---

(1) L. 13-19 mars 1873, art. 1 et 4.

(2) L. 31ᵉ août-3 sept. 1871, art. 2 ; D. 2-3 septembre 1871.

(3) L. 31 août-3 sept. 1871, art. 2.

(4) Voir ci-dessus, nº 6 et la note.

(5) Cette distinction qui résulte de la nature même des choses, se retrouve dans des textes officiels, par exemple, dans le préambule du décret législatif du 25 mars 1852 sur la décentralisation administrative : « Considérant qu'on peut *gou-* « *verner* de loin, mais qu'on n'*administre* bien que de près, qu'en conséquence, « autant il importe de centraliser l'*action gouvernementale* de l'Etat, autant il « est nécessaire de décentraliser l'*action purement administrative*. »

« l'ensemble des services publics destinés à con-
« courir à l'exécution des actes du gouvernement
« et des lois d'intérêt général » (1).

18. On vient de voir que le pouvoir législatif
et le pouvoir exécutif peuvent, tous les deux,
poser des règles de conduite obligatoires pour les
citoyens : le premier fait des lois et le second des
règlements. Il faut donc se demander quelles matières sont du domaine de la loi et quelles autres
sont du domaine du règlement.

En théorie pure, la réponse se présente d'elle-
même : s'il s'agit de poser un principe nouveau,
une règle générale et permanente il y a lieu de faire
une loi ; s'il ne s'agit que de règles de détail nécessaires à l'application d'un principe déjà admis par
le législateur, un règlement suffit.

Dans la pratique, le partage entre les deux pouvoirs résulte, soit du droit positif, soit des coutumes ou précédents ; mais il faut bien avouer
que si, dans beaucoup de cas, la ligne de démar-
cation ainsi tracée coïncide avec celle que détermi-
nerait le seul raisonnement (2), bien souvent aussi

---

(1) « Etroitement associé à l'administration, il (le gouvernement) ne se confond
« pourtant pas avec elle, sa fonction est toute d'initiative, d'appréciation, de
« direction, de conseil ; c'est lui qui donne à l'administration son esprit général,
« sa pensée, et, si l'on peut ainsi parler, son drapeau ; à celle-ci est réservée
« l'action, c'est-à-dire l'exécution des lois et l'exercice matériel et pratique des
« pouvoirs confiés au Gouvernement ». Vivien, *Etudes administratives*, T. 1, p.
30 et suiv.

(2) Ex : Le pouvoir législatif seul peut fixer les dépenses publiques et frapper
des impôts (Déclar. 26 août 1789, art. 11 ; const. 1791, tit. III, ch. 3, sect. 1re,
art. 1er ; etc.) ; seul il peut établir des pénalités (art. 4, C. P), etc. etc.

elle s'en écarte d'une manière très-sensible, tantôt d'un côté, tantôt de l'autre ; en d'autres termes, que certaines matières, quoique non générales, sont attribuées au législateur (1), tandis que d'autres d'une généralité incontestable sont abandonnées au pouvoir exécutif (2).

La séparation entre les pouvoirs législatif et exécutif ne va pas jusqu'à les rendre complètement étrangers l'un à l'autre. En effet, nous savons déjà que le chef du pouvoir exécutif partage avec l'Assemblée le droit d'initiative. D'un autre côté, si le pouvoir législatif ne gouverne pas et n'administre pas, il n'en est pas moins vrai que le pouvoir exécutif est souvent obligé de venir lui montrer comment il gouverne, comment il administre (3).

19. La justice est rendue gratuitement au nom du peuple français par des juges nommés par le pouvoir exécutif et en général inamovibles ; toutefois cette règle souffre d'assez nombreuses exceptions (4).

---

(1) Certaines lois ont un caractère essentiellement temporaire, par exemple, les lois de finances ; d'autres ne s'appliquent qu'à une seule localité, comme celles qui autorisent une ville à contracter un emprunt, ou qui autorisent l'aliénation de certaines parties du domaine de l'Etat ; d'autres ne s'appliquent qu'à certaines classes d'individus, par exemple, la loi sur l'état des officiers (Voir ci-après, No 69).

(2) C'est ainsi qu'aujourd'hui encore, en ce qui concerne l'Algérie et les colonies, le pouvoir exécutif est investi de véritables attributions législatives. (Voir ci-après, Nos 233 et suiv.)

(3) Par exemple, lorsque le gouvernement est dans le cas de demander des crédits pour faire face aux dépenses publiques.

(4) Const. 1791, tit. III, ch. V, art. 2 ; Const. an III, art. 205 et 206 ; charte 1814, art. 58 ; 1830, art. 49 ; Const. 1848, art. 81 et 87, etc.

Les crimes et certains délits sont soumis au jury (1).

Nul ne peut être distrait de ses juges naturels; en conséquence, il ne peut être créé de commissions et de tribunaux extraordinaires. Cette dernière dénomination ne comprend ni les conseils de guerre, juges naturels des militaires, ni les tribunaux maritimes, juges naturels des marins, etc. (2).

Les débats sont publics, à moins que la publicité ne soit dangereuse pour l'ordre ou les mœurs, auquel cas le tribunal le déclare par un jugement (3).

Telles sont les dispositions fondamentales, les garanties essentielles données par notre droit public en ce qui concerne le pouvoir judiciaire.

20. Nous avons parlé de la séparation des pouvoirs législatif et exécutif; nous devons maintenant considérer la situation du pouvoir judiciaire à l'égard des deux autres, et d'abord à l'égard du pouvoir législatif.

Il est défendu aux juges de s'immiscer dans l'exercice du pouvoir législatif, soit par des règlements contenant des dispositions législatives, soit en arrêtant ou en suspendant l'exécution

---

(1) Const. 1791, tit. III, ch. V, art. 49, etc.; L. 15-22 avril 1871.

(2) Const. 1791, tit. III, ch. V, art. 4 ; Const. an III, art. 204 ; charte 1814, art. 60, 68 ; 1830, art. 51, 59 ; Const. 1848, art. 48, etc.

(3) Const. 1791, tit. III, ch. V, art. 9 ; Const. an III, art. 209 ; art. 8 et 87, C. pr., art. 153, 171, 190, 309, I. C.

d'une ou plusieurs lois, soit en délibérant sur la question de savoir si les lois seront publiées ou exécutées (1). Réciproquement, le pouvoir judiciaire ne peut être exercé par le pouvoir législatif; cependant celui-ci participe d'une manière indirecte à la puissance judiciaire par l'exercice du droit de grâce et d'amnistie qu'il s'est réservé dans certains cas (2). En outre, le pouvoir législatif fait acte de juridiction lorsqu'il vérifie les pouvoirs de ses membres.

21. Le pouvoir judiciaire et le pouvoir exécutif sont indépendants l'un de l'autre. Il est interdit aux juges de s'immiscer dans les matières attribuées aux autorités administratives, soit en faisant des règlements sur ces matières, soit en défendant d'exécuter les ordres émanés de l'administration. Sur la revendication formellement faite par l'autorité administrative d'une affaire portée devant eux, ils doivent surseoir jusqu'à ce que la question ait été vidée par qui de droit, ou que les délais fixés pour la vider soient expirés (3). Réciproquement, les administrateurs ne peuvent prendre des arrêtés généraux tendant à intimer des ordres ou des défenses quelconques à des cours ou tribunaux; il leur est également défendu d'entreprendre sur les fonctions judiciaires en s'in-

---

(1) Art. 5 et 1351, C. N ; art. 127, C. P.

(2) L. 17-22 juin 1871.

(3) Art. 127 et 128, C. P.; Voir D. 19-21 sept. 1870; et ci-après, Nos 227 et suiv.

gérant de connaître des droits et intérêts privés du ressort des tribunaux (1).

Cependant le pouvoir exécutif prend une part indirecte à l'exercice du pouvoir judiciaire : 1° par la nomination ou l'investiture des juges (2) ; par l'institution d'un ministère public, représentant du pouvoir exécutif près des tribunaux (3) ; enfin par l'exercice du droit de grâce (4) et de réhabilitation (5), sans parler, quant à présent, de la juridiction administrative (6).

_____

(1) Art. 130 et 131, C. P.

(2) Charte 1814, art. 57 ; 1830, art. 48 ; Const. 1848, art. 85.

(3) L. 16-24 août 1790, tit. VIII et tit. II , tit. 8 ;Const. 1791 , tit. III, ch. V, art. 25 et 26, et ch. IV, art. 2 , 7e col.; Const. an III. art 147, 216, 234 , 261.; L. 27 ventôse an VIII, art. 13, 24, 67, 89 ; L. 20 avril 1810, art. 6, 43, 45, 46, etc.

(4) L. 17-22 juin 1871.

(5) Art. 619-634 , I. C.

(6) Voir ci-après, Nos 205 et suiv.

CHAPITRE DEUXIÈME

Droits garantis aux citoyens.

---

22. Droits politiques. — Droits publics.

22. Les « principes de 1789 » adoptés comme base de notre droit public par les diverses constitutions qui ont régi la France, peuvent se diviser en trois catégories.

Et d'abord, nous trouvons les principes de la souveraineté nationale, de la séparation des pouvoirs et de la responsabilité des agents du gouvernement, qui se rapportent à l'organisation des pouvoirs publics.

Une deuxième catégorie comprend les principes relatifs à ce qu'on appelle les *droits politiques* qui consistent dans l'aptitude à participer aux fonctions publiques, soit directement en les remplissant, soit indirectement en les nommant ou en présentant ceux qui les remplissent. Dans aucun pays, ces droits ne sont accordés indistinctement aux hommes et aux femmes, aux adultes et aux enfants, aux hommes sains d'esprit et à ceux qui ne le sont pas ; ils impliquent toujours certaines conditions de capacité. Ils sont très-nombreux et très-variés ; mais nous ne nous occuperons ici que des droits politiques proprement dits, c'est-à-dire de l'électorat et de l'éligibilité politiques.

Enfin, une troisième catégorie comprend des principes qui s'appliquent également aux deux sexes, à tous les âges et à toutes les conditions, et, par leur nature, ne sont pas nécessairement limités à la personne des Français ou des naturalisés Français : ils n'impliquent aucune condition de capacité. Les droits qui en dérivent s'appellent *droits publics.* En voici l'énumération : égalité devant la loi ; liberté individuelle ; liberté de conscience et des cultes ; liberté de la presse ; liberté de réunion et d'association ; liberté du travail ; inviolabilité de la propriété ; droit de pétition.

Les principes de la première classe nous sont déjà connus (1) ; nous n'avons donc plus qu'à passer en revue les droits politiques et les droits publics et à faire connaître pour chacun d'eux les lois qui en limitent la jouissance et en règlent l'exercice.

§ I. — *Droits politiques.*

23. Conditions d'électorat.
24. Conditions d'éligibilité.
25. *Quid* **à l'égard des militaires ?**

23. Dans chaque commune, la liste électorale dressée par le maire comprend, sans condition de cens, tous Français âgés de vingt et un ans qui ne se trouvent pas dans les conditions d'incapacité prévues par la loi, et habitent la commune depuis

---

(1) Voir ci-dessus, nos 10, 16, 18, 20 et 21.

plus de six mois. Cette liste est l'objet d'une révision annuelle.

Les réclamations relatives à l'inscription sur les listes électorales sont portées devant une commission composée du maire et de deux membres du conseil municipal désignés par ce conseil. Les décisions de cette commission peuvent être déférées au juge de paix qui statue en dernier ressort. Les parties intéressées peuvent se pourvoir en cassation contre la décision du juge de paix. Toute cette procédure est rapide et sans frais (1).

L'élection a lieu au chef-lieu de chaque commune et au scrutin de liste (2).

Une loi récente a déterminé la majorité requise (3).

24. Les électeurs ne peuvent choisir les députés que parmi des personnes réunissant certaines conditions d'éligibilité. Sont éligibles, sans condition de cens ni de domicile, tous les électeurs âgés de vingt-cinq ans qui ne se trouvent dans aucun des cas d'incapacité déterminés par la loi (4).

C'est à l'Assemblée nationale qu'il appartient de vérifier les pouvoirs de chacun de ses membres.

---

(1) L. 15 mars 1849 ; D. 29 janvier 1871.
(2) L. 15 mars 1849 et 10 avril 1871.
(3) L. 18 février-14 mars 1873.
(4) L. 15 mars 1849 ; D. 29 janvier 1871 ; L. 2 mai 1871.

25. Les hommes présents au corps ne prennent part à aucun vote (1). Malgré la rédaction vicieuse du texte, cette règle s'applique incontestablement aux officiers de tous grades et de toutes armes et à tous les assimilés.

Les militaires sont-ils éligibles ? L'incompatibilité entre le mandat de député et toute fonction publique salariée, a été suspendue par le décret de convocation des colléges électoraux à l'effet d'élire l'Assemblée nationale actuelle (2). Mais la commission d'organisation de l'armée est actuellement saisie d'une proposition tendant à faire déclarer inéligibles les militaires en activité de service (3).

§ II. — *Droits publics.*

26. Égalité devant la loi.
27. *Quid* à l'égard des militaires ?
28. Liberté individuelle.
29. *Quid* à l'égard des militaires ?
30. Liberté de conscience. — Liberté des cultes.
31. *Quid* à l'égard des militaires ?
32. Liberté de la presse.
33. *Quid* à l'égard des militaires ?
34. Liberté de réunion et d'association.
35. *Quid* à l'égard des militaires ?
36. Liberté du travail.
37. *Quid* à l'égard des militaires ?
38. Inviolabilité de la propriété.
39. *Quid* à l'égard des militaires ?
40. Droit de pétition.
41. *Quid* à l'égard des militaires ?

---

(1) L. 27 juillet 1872, art. 5.
(2) D. 29 janvier 1871, art. 4.
(3) Séance du 26 nov. 1873.

26. Il n'y a en France que des Français et des Français égaux devant la loi (1). Ce principe de l'égalité de droits qu'il ne faut pas confondre avec l'égalité des conditions , reçoit son application dans toutes les branches du droit français :

En droit public et administratif, par l'institution du suffrage universel (2), l'égale admissibilité de tous aux emplois civils et militaires (3), etc.

En droit pénal : les mêmes délits sont punis des mêmes peines, sans acception de personnes (4).

En droit civil, le principe d'égalité préside à l'organisation de la famille française par l'abolition du droit d'aînesse, par toutes les règles en matière de succession, par l'abolition des majorats (5), par la prohibition des substitutions fidéicommissaires (6), etc.

27. Sous le rapport qui nous occupe, les militaires ne sont pas et ne peuvent pas être placés dans les mêmes conditions que leurs concitoyens.

En droit public, nous avons déjà signalé une différence et nous en signalerons encore d'autres dans les numéros suivants. Les fonctions de juré sont incompatibles avec celle de militaire en

---

(1) Déclar. 26 août 1789 , art. 1er ; etc. etc.

(2) D. 5 mars 1848, art. 5; Const. 1848, art. 24 ; Const. 1852 , art. 36 ; Const. 1870 , art. 31.

(3) Déclar. 26 août 1789, art. 6; etc.

(4) *Ibid.*

(5) L. 12 mai 1835 ; L. 7 mai 1849.

(6) Art. 896, C. N. — L'art. 1781 a disparu de notre droit civil.

activité de service et pourvu d'emploi (1); les militaires sont affranchis de certains impôts (2), etc., etc.

Le droit pénal des militaires n'est pas celui de tous les autres Français (3).

Enfin, certaines règles de droit civil leur sont exclusivement applicables (4).

28. Tout homme a le droit d'aller, de rester, de partir, sans être arrêté ni détenu que dans les cas et selon les formes que la loi détermine (5). Tout acte, tout contrat par lequel un homme abdiquerait sa personnalité, serait radicalement nul (6). — Le domicile de tout Français est inviolable (7). Tel est le principe de la liberté individuelle proprement dite (8).

Mais, tout en garantissant la liberté individuelle, la puissance publique la soumet à des restrictions sans lesquelles cette liberté serait

---

(1) L. 21-24 nov. 1872, art. 3.

(2) Ex : L. 21 avril 1832, etc.

(3) Voir *Code de Justice militaire*, (1857).

(4) Voir ci-après, Nos 46, 50, 87 et les notes. — Qu'on veuille bien nous permettre de rappeler ici que nous avons publié dans la *Revue pratique de droit français* (Nos des 1er et 15 sept. 1869; 1er et 15 janvier, 1er et 15 juillet 1870) une étude sur la *Condition civile des militaires en droit français*.

(5) Déclar. 26 août 1789, art. 4 ; const. 1791, art 1er ; etc. etc. — Art. 114 et suiv. et art. 341 et suiv. C. P.

(6) art. 638 et 1780, C. N. — La loi française ne reconnaît plus les vœux religieux.

(7) Const. an VIII, art. 76; art. 184, C. P. ; art. 16 et suiv. I. C.

(8) Nous verrons dans les numéros suivants des manifestations plus spéciales de la liberté individuelle.

incompatible avec la liberté générale et l'ordre public. Ainsi, l'interdiction de se marier avant un certain âge (1) ; l'obligation imposée à la femme d'habiter avec son mari (2) ; l'obligation pour celui qui voyage, de se munir d'un passeport (3) ; l'appel au service militaire (4) ; etc. etc. sont autant de restrictions à la liberté individuelle nécessités par l'intérêt social.

29. En ce qui concerne les militaires des assimilés, il faut dire que, sans préjudice des obligations de résidence, etc., qui leur sont imposées comme à tous autres employés de l'Etat, ils peuvent encore, par mesure purement disciplinaire, être privés de leur liberté et emprisonnés pendant un temps qui, du reste, ne peut excéder deux mois (5).

30. La liberté de conscience et la liberté des cultes sont des choses parfaitement distinctes : la première est un fait interne, la seconde un fait externe, la seconde comprend la première, mais celle-ci peut exister sans l'autre.

En France, depuis 1789, chacun est complètement libre en matière de foi ; nul ne peut être

---

(1) Art. 144, C. N.

(2) Art. 214, C. N.

(3) D. 1er février 1792 ; L. 10 vend. an IV, tit. III ; D. 18 sept. 1807. — Les Maires et Préfets qui, en dehors de ces cas prévus par la loi, refuseraient de délivrer des passe-ports, tomberaient sous le coup de l'art. 114, C. P.

(4) Voir ci-après, nos 66 et suiv.

(5) Art. 271, C. M. — Voir encore les ordonnances du 2 nov. 1833.

inquiété à cause de ses croyances religieuses, ni astreint aux pratiques d'un culte quelconque(1).

Si la liberté de conscience est illimitée, il n'en est pas de même de la liberté des cultes : la manifestation d'une croyance religieuse peut porter à l'ordre public les plus graves atteintes. L'Etat intervient dans l'organisation des cultes reconnus par lui (2) ; quant aux cultes non reconnus (ce qui ne veut pas dire proscrits), on leur applique les règles relatives au droit de réunion et au droit d'association (3).

31. Sous le double rapport de la liberté de conscience et de la liberté des cultes, les militaires sont placés sur la même ligne que les autres Français (4). La loi leur assure le temps et la liberté nécessaires à l'accomplissement de leurs devoirs religieux, les dimanches et autres

---

(1) Déclar. 26 août 1789, art. 10 ; const. 1793, art. 7 ; charte de 1814, art. 5. ; 1830, art. 5 ; etc. etc.

(2) Voir en ce qui concerne le culte catholique, le concordat de 1801 et les articles organiques du 18 germinal an X (les art. 6-8 se rapportent au recours pour abus); en ce qui concerne les cultes protestants (Eglise réformée et confession d'Augsbourg), les *articles organiques protestants* de la loi du 18 germinal an X ; en ce qui concerne le culte israélite, le décret du 17 mars 1808, la loi du 28 février 1831 et l'ordonnance royale du 25 mai 1844.

(3) Voir ci-après, nos 34 et 35.

(4) Le ministre de la guerre a plus d'une fois donné des instructions dans ce sens. Voir notamment une circulaire du 14 mai 1853 dans laquelle il est dit que, lorsque les généraux commandants croiront devoir assister en uniforme à la procession de la Fête-Dieu, ils adresseront aux militaires sous leurs ordres l'invitation de les y accompagner, en laissant toutefois à chacun la liberté entière de se rendre ou de ne pas se rendre à cette invitation.

jours de fête consacrés par leurs cultes respectifs (1).

32. Tout Français peut parler, écrire, imprimer librement, sauf à répondre de l'abus de cette liberté dans les cas déterminés par la loi (2). Telle est la formule du principe de la liberté de la presse auquel la loi apporte des restrictions qui ne sont pas les mêmes pour la presse non périodique et pour la presse périodique.

Le droit de l'auteur d'un livre ou brochure n'est limité que par les condamnations judiciaires qui peuvent l'atteindre lorsque ses écrits constituent des crimes ou délits, les formalités prescrites avant toute publication n'ont d'autre but que de faciliter les poursuites, le cas échéant (3).

La presse périodique est soumise à des conditions plus rigoureuses, dont la plus efficace est le cautionnement, (espèce de caution *judicatum solvi)* imposé à tous les journaux politiques sans exception et aux journaux et écrits périodiques non politiques paraissant plus d'une fois par semaine. Seules les feuilles quotidiennes ou périodiques ayant pour unique objet la publication des avis, annonces, affiches judiciaires, etc., sont dispensées du cautionnement (4).

---

(1) L. 27 juillet-17 août 1872, art. 70; D. 10 août 1872. — L. 20 mai 1874.

(2) Déclar. 26 août 1789, art. II; etc. etc.

(3) L. 21 octobre 1814, art. 14-17; L. 27 juillet 1849, art. 7; D. 5 septembre 1870.

(4) L. 26 mai 1819, L. 11 mai 1868; L. 9 juin 1869; D. 5 septembre 1870; L. 6-11 juillet 1871.

Sauf quelques exceptions, la connaissance des délits commis par la voie de la presse appartient au jury (1).

33. Les exigences de la discipline ont motivé une restriction par laquelle il est formellement interdit aux militaires de tous grades et de toutes armes, en activité de service, de publier leurs idées ou leurs réclamations, soit dans les journaux, soit dans des brochures, sans la permission de l'autorité supérieure (2).

34. Le droit de réunion et d'association (3) est celui que le législateur s'est vu contraint de restreindre dans les plus étroites limites.

Les réunions privées sont affranchies de toute mesure préventive.

Les réunions publiques de plus de vingt personnes ayant pour objet de traiter de matières politiques ou religieuses ne peuvent avoir lieu sans autorisation préalable. Toutes autres réunions publiques, y compris les réunions électorales qui, du reste, ne peuvent avoir lieu que

---

(1) L. 15 avril 1871 ; L. 12-25 février 1872.

(2) D. 1er mars 1854, sur la gendarmerie, art. 642. — Cette mesure dont personne ne contestera la sagesse, n'aurait rien perdu à être inscrite dans une *loi* (Déclar. 26 août 1789, art. 11, etc. etc. ; Ch. 1814, art. 8 ; Ch. 1830, art. 7. — Voir ci-dessus, n° 18).

(3). Const. 1791, tit. 1er, 3° ; 1793, art. 7 ; 1848, art. 8. — Il importe de distinguer entre l'association et la *réunion* ; celle-ci n'est que le concours accidentel et temporaire de plusieurs personnes dans un même lieu ; l'association est une agrégation de personnes ayant un but déterminé et pourvue d'une organisation appropriée à ce but.

pendant un certain temps et à certaines conditions ne sont pas soumises à la nécessité d'une semblable autorisation (1). Les *attroupements* ou rassemblements sur la voie publique sont l'objet de dispositions spéciales (2).

Les sociétés secrètes ou associations politiques sont absolument prohibées (3). Toutes autres associations sont libres si elles comptent moins de vingt personnes ; les associations plus nombreuses ne peuvent se former qu'avec la permission du Gouvernement (4).

35. Il va de soi que les lois en matière de réunion et d'association s'appliquent aux militaires aussi rigoureusement qu'à tous les autres citoyens (5).

Les officiers, sous-officiers et soldats ne peuvent donner des repas de corps ni en recevoir, sous quelque prétexte et de quelque part que ce soit (6). Dans la pratique, cette disposition de la loi n'est pas rigoureusement observée (7).

Les officiers ont la faculté d'organiser des cercles qui forment des annexes des bibliothèques militaires (8).

---

(1) L. 6 juin 1868.

(2) L. 27 juillet 1791 ; L. 7 juin 1848.

(3) L. 28 juillet 1848 ; D. 8 décembre 1851 ; L. 14-23 mars 1872.

(4) Art. 291-294, C. P. ; L. 10 avril 1834.

(5) Circulaires ministérielles de la guerre , 25 mars , 1er avril et 11 juin 1831.

(6) L. 8-10 juillet 1791, tit III, art. 61.

(7) O. 2 nov. 1833 , art. 328 (Infanterie) et 391 (Cavalerie).

(8) Instructions ministérielles de la guerre , 1er juin et 13 août 1872. 1er oct. 1873 et 10 mars 1874.

36. Chacun est libre de faire tel négoce ou d'exercer telle profession, art ou métier que bon lui semble, à la condition de se conformer aux lois de police (1). Ce principe a reçu de très-nombreuses limitations.

Pour ne pas laisser le public à la merci de l'ignorance et du charlatanisme, des conditions d'aptitude sont imposées aux sujets qui embrassent les professions d'avocat (2), de médecin (3), de sage-femme (4), etc.

Pour d'autres professions telles que celles d'avocat au Conseil d'Etat et à la cour de cassation (5), de notaire (6), d'avoué (7), etc., le législateur va plus loin; non content de preuves de capacité qu'il est libre à chacun de fournir, il transforme ces professions en offices publics.

Enfin, il y a des industries dont l'Etat se réserve exclusivement l'exercice. On peut citer comme exemples la fabrication du tabac, celle des poudres et armes de guerre, celle des allumettes chimiques (8), etc.

---

(1) L. 2 mars 1791, art. 17 ; const. 1791, préamb. art. 17 ; 1848, art 13 L. 19 mai 1874.

(2) O. 20 nov. 1822 ; 17 août 1830 ; D. 22 mars 1852.

(3) L. 19 ventôse an XI, etc. etc.

(4) L. 19 ventôse an XI; D. 22 août 1854.

(5) O. 13 nov. 1816 ; 10 sept. 1817.

(6) L. 25 ventôse an XI, etc. etc.

(7) L. 27 ventôse an VIII ; Arrêté 13 frimaire an XI.

(8) Voir ci-après, nos 150 et 162.

37. Tout commandant des divisions militaires, des départements ou des places et villes ne peut, dans l'étendue des lieux où il a le droit d'exercer son autorité, faire ouvertement, ou par interposition de personnes, le commerce de grains, grenailles, farines, substances farineuses, vins ou boissons, autres que ceux provenant de ses propriétés (1).

Les règlements spéciaux aux divers services de la guerre interdisent aux militaires ou assimilés l'exercice d'une profession, d'un commerce ou d'une industrie quelconque (2). Toutefois, il est admis que les médecins militaires peuvent avoir une clientèle civile (3).

38. La propriété étant un droit inviolable et sacré, nul ne peut en être privé si ce n'est lorsque la *nécessité* publique, légalement constatée, l'exige évidemment et sous la condition d'une juste et préalable indemnité (4). Cette restriction au droit de propriété, inscrite dans la loi constitutionnelle elle-même, n'est pas, à beaucoup près, la seule qu'il ait à subir ; mais, comme nous serons obligés de revenir sur ce point (5), nous ne nous y arrêterons pas davantage quant à présent.

____

(1) Art. 176, C. P.

(2) Ex : D. 19 nov. 1871, art. 5 ; D. 31 mai 1862, art. 18 et 865.

(3) Voir une circulaire ministérielle de la guerre en date du 27 décembre 1872.

(4) Déclar. 26 août 1789, art. 17 ; const. 1793, préamb. art. 17 ; const. an III, art. 358 ; charte 1814, art. 9 ; 1830, art. 8. — Dans les chartes de 1830 et 1814, les mots *nécessité publique* ont été remplacés par ceux d'*intérêt public*. — Const. 1848, art. II, qui remplace les mots *intérêt public* par *utilité publique*.

(5) Voir ci-après, nos 92, 99 et 101.

39. La propriété des militaires est entourée des mêmes garanties que celle des autres citoyens ; et nous n'en parlerions même pas si nous ne devions appeler l'attention sur un arrêté du 13 nivôse an X, reproduit par plusieurs textes officiels (1), qui attribue au ministre de la guerre le droit de s'emparer, sauf à en payer la valeur, des papiers, cartes, plans et mémoires militaires faisant partie de la succession d'officiers généraux ou supérieurs et assimilés : cet acte étant aussi contraire aux constitutions et lois qui l'ont suivi, qu'à celles qui l'ont précédé, il faut le tenir pour nul et non avenu (2).

40. Le droit de pétition *(lato sensu)* est la faculté qui appartient à toute personne de réclamer l'intervention d'une autorité quelconque. Mais il n'est ici question que du droit de pétition proprement dit qui consiste dans la faculté d'adresser une demande ou une plainte aux pouvoirs constitués, et spécialement au pouvoir législatif ; ce

---

(1) Instruction ministérielle de la guerre du 8 mars 1823, tit. III. *Dispositions générales* ; circulaire du garde des sceaux, en date du 20 juin 1844 ; circulaire du procureur général à Alger, en date du 18 juillet 1844.

(2) M. Aucoc, aujourd'hui président de section au conseil d'Etat, parlant de dispositions identiques relatives à la succession d'un ingénieur des ponts et chaussées, s'exprime ainsi : « *La légalité de cette mesure pourrait être contestable ;* « mais le Gouvernement en a peu usé et les circonstances dans lesquelles il en a « usé, avaient un caractère si spécial qu'on a pu y voir une faveur et même un « honneur et que les familles en ont été reconnaissantes ». (*Conférences sur le droit administratif*, etc. n° 454). M. Cotelle, cours de droit administratif appliqué aux travaux publics, t. I, p. 406, est plus explicite. — Voir encore au *Moniteur universel* du 7 juin 1835, p. 1443, un discours de M. Legrand, directeur des ponts et chaussées, commissaire du Gouvernement.

droit a été reconnu par toutes les constitutions
qui se sont succédées depuis 1789 (1). Toute pétition doit être rédigée par écrit et signée, indiquer
la demeure du pétitionnaire ou de l'un d'eux, si
elle est revêtue de plusieurs signatures, être
adressée au président de l'Assemblée ou déposée
par un député (2).

41. Les militaires peuvent, comme tous les
autres citoyens, adresser des pétitions à l'Assemblée. Mais pourraient-ils adresser une pétition
portant la signature de plusieurs d'entre eux,
d'un corps d'officiers, par exemple? Il est évident
qu'ils ne sauraient avoir ce droit, puisque la loi
défend aux corps militaires de délibérer (3).

---

(1) Const. 1791, tit. I, 3°; 1793, art. 32; an III, art. 364; an VIII, art. 83;
Charte 1814, art. 53; 1830, art. 45, etc.

(2) Résolution 3 juillet 1873.

(3) Const. 1791, tit. IV, art. 12; an III, art. 275; an VIII, art. 84; etc.

DROIT ADMINISTRATIF

42. Objet du droit administratif. — Division du sujet en cinq parties.

42. L'Etat et les autres personnes publiques (1), les droits que ces personnes peuvent avoir sur les choses, leurs rapports entre elles et avec les personnes privées, les actions intentées par elles ou contre elles, soumis en général aux règles du droit civil ou privé, sont en outre l'objet d'un grand nombre de dispositions spéciales dont l'ensemble constitue ce qu'on appelle le *droit administratif*, lequel se rattache au droit privé comme l'exception se rattache à la règle; d'où il résulte que l'étude du droit administratif suppose nécessairement la connaissance préalablement acquise du droit civil (2). Ces deux branches du droit doivent donc s'unir dans le plan de notre travail; mais, pour ne pas trop nous écarter de l'objet principal de nos études, nous nous bornerons aux notions de droit civil rigoureusement indispensables à l'intelligence du droit administratif. En suivant l'ordre assez généralement adopté pour l'enseignement du droit civil, nous traiterons successivement : 1º des personnes

---

(1) Voir ci-après, Nº 52.
(2) Voir M. Aucoc, *Conférences sur le droit administratif*, Nº 469.

(première partie); 2º des droits réels *(deuxième partie)*; 3º des droits personnels *(troisième partie)*; 4º des actions et juridictions *(quatrième partie)*. Une *cinquième* et dernière *partie* contiendra quelques notions sur l'organisation particulière de l'Algérie et des colonies.

PREMIÈRE PARTIE. — Des personnes.

CHAPITRE PREMIER

Notions générales sur les personnes.

43. Personnes physiques. — Personnes morales.

43. Une *personne*, dans le sens juridique du mot, est un être capable d'acquérir ou dè faire valoir des droits et de contracter des obligations.

Les personnes sont ou physiques ou morales.

§ I. — *Des personnes physiques.*

44. Etat et capacité juridique.
45. Acquisition et perte de la qualité de Français.
46. Actes de l'état civil.
47. Privation de la jouissance des droits civils.
48. Privation de l'exercice des droits civils.
49. Du domicile.
50. De l'absence.
51. Condition juridique des étrangers.

44. Tout Français constitue une personne. Bien

plus, la loi française accorde à l'enfant simplement conçu une personnalité provisoire (1).

L'*état* d'une personne se compose de deux éléments : la nationalité et la famille. Les contestations relatives à l'un ou l'autre de ces deux éléments, s'appellent *questions d'état* (2).

La *capacité juridique*, distincte de l'état (3), consiste dans l'aptitude à devenir le sujet de droits et d'obligations. Elle est politique ou civile suivant qu'elle s'applique aux droits qui dérivent du droit public, ou à ceux que confère le droit privé, c'est-à-dire aux *droits civils* (4). Il n'est ici question que de la capacité civile, complètement indépendante de la capacité politique. Elle est susceptible de diverses restrictions relatives, soit à la jouissance, soit à l'exercice seulement de certains droits civils (5).

45. L'état, considéré au point de vue de la nationalité, se résume dans les qualités de Français ou d'étranger.

On est Français, soit par la naissance (6), soit par un fait postérieur à la naissance (7).

---

(1) Art. 8, 393, 725, 906, C. N.

(2) Art. 326 et 327, C. N, — Voir ci-après, Nos 45 et 46.

(3) L'art. 3 , 3°, C. N. porte : « Les lois concernant l'état *et* la capacité des « personnes, etc.

(4) Les droits civils se trouvent particulièrement énumérés en l'art. 25, C. N.

(5) Art. 7 et 8, C. N. — Voir ci-après, Nos 47 et 48.

(6) Art. 10, 1°, C. N.; L. 7-12 février 1851 ; L. 17 décembre 1874.

(7) Art. 9 et 12, C. N.; L. 22 mars 1849; L. 7-12 février 1851, art. 2; L. 29 juin 1867.

La qualité de Français se perd : 1° par la naturalisation acquise en pays étranger ; 2° par l'acceptation non autorisée de service militaire ou de fonctions publiques à l'étranger ; 3° par l'établissement en pays étranger, sans esprit de retour ; 4° enfin, pour la femme française, par son mariage avec un étranger (1).

Les conditions imposées à celui qui veut recouvrer la qualité de Français, varient suivant les causes qui la lui ont fait perdre (2).

46. Sous le rapport de la famille, les qualités qui constituent l'état d'une personne, sont celles de mari ou de femme mariée, de père, de mère, d'enfant légitime, naturel ou adoptif.

Pour constater ces diverses circonstances, la loi a prescrit la rédaction de procès-verbaux auxquels on donne le nom *d'actes de l'état civil*, par la raison qu'ils n'ont directement pour objet la constatation de l'état qu'au point de vue du droit civil. On appelle officiers de l'état civil les fonctionnaires chargés de la rédaction de ces procès-verbaux (3).

47. La privation de la jouissance des droits

----

(1) Art. 17, 19 et 21, C. N.

(2) Art. 18-21, C. N.

(3) Art. 34-101, C. N. Les art. 88-98, ont pour objet les actes de l'état civil concernant les militaires aux armées. — Les actes dont le code s'occupe dans ces articles, ne sont pas les seuls qui se rapportent à l'état des personnes, mais seulement les principaux. Voir en ce qui concerne les reconnaissances d'enfants naturels, les légitimations et les adoptions, les art. 334-342 ; 331-333, 343 et suiv., C. N.

civils résulte de la perte de la qualité de Français (1).

Elle résulte aussi de certaines condamnations judiciaires. Ainsi l'individu condamné à la dégradation civique ou à une peine emportant la dégradation civique, est privé, pour un temps indéfini, de la jouissance de ses droits politiques et d'une partie de ses droits civils (2). Ainsi encore les tribunaux jugeant correctionnellement peuvent prononcer l'interdiction temporaire de certains droits civiques, civils et de famille (3).

48. L'exercice de tout ou partie des droits civils est refusé à certaines personnes comprises sous la dénomination générique d'*incapables*, savoir :

1° Aux mineurs ou individus de l'un et l'autre sexe âgés de moins de vingt et un ans. Si le mineur a ses père et mère, ses droits civils sont exercés par son père ; s'il a perdu ses père et mère ou l'un d'eux, ses droits sont exercés par un tuteur qui le représente et dont l'administration est controlée par un subrogé tuteur (4).

L'émancipation affranchit le mineur de la puissance paternelle ou de la tutelle, sans toutefois lui donner une capacité complète. Pour les actes.

---

(1) Voir ci-dessus, N° 45 et ci-après, N° 51. — Il ne s'agit pas ici d'une privation *totale*, mais seulement d'une privation *partielle* ; le *mort civilement* lui-même conservait encore *certains droits*. [Art. 25 et 33, C. N.]

(2) Art. 34, C. P. — C'est la dégradation civique qui, avec l'appoint des autres incapacités établies par la loi du 31 mai 1854, a remplacé la mort civile.

(3) Art. 42 et 43, C. P.

(4) Art. 388-475, 1124, 1125 et 1305, C. N.

qui dépassent les limites de l'administration,
le mineur émancipé doit être assisté de son
curateur (1).

Le mineur émancipé qui fait un commerce est
réputé majeur pour les faits relatifs à ce commerce (2).

2° Aux femmes mariées qui, pendant le
mariage, ne peuvent procéder à la plupart des
actes de la vie civile sans l'autorisation de leur
mari. Sous le régime des conventions matrimoniales les plus usitées, la femme est privée de
la libre disposition et même de l'admisnistration
de ses biens (3).

La femme marchande publique peut, sans l'autorisation du mari, s'obliger pour tout ce qui concerne son négoce. Pour les actes étrangers à son
commerce, elle reste sous l'empire du droit commun (4).

3° Aux interdits. On appelle ainsi ceux qui,
étant dans un état habituel d'imbécillité, de dé-
mence ou de fureur, ont été déclarés par jugement

---

(1) Art. 476-486, C. N.

(2) Art. 487, C. N. ; art. 2 et 6, C. Com.

(3) Art. 215 et suiv., 1124 et 1125, C. N. — Le code indique quatre types
de conventions matrimoniales que les époux peuvent ou accepter purement et simplement, ou modifier et combiner à leur gré, savoir : 1° le régime de communauté
légale ou conventionnelle (art. 1399-1528, C. N.) ; — 2° le régime sans communauté (art. 1530-1535, C. N.) ; 3° le régime de séparation de biens, sous lequel
la femme conserve l'administration et la jouissance de ses biens (art. 1536-1539,
C. N.) ; 4° enfin, le régime dotal (art. 1540 et suiv. C. N.). — Voir L. 10 juillet
1850.

(4) art. 220, C. N. ; art. 4, 5 et 7, C. Com.

incapables d'exercer leurs droits civils, et, comme les mineurs, pourvus d'un tuteur (1).

Enfin, la privation de l'exercice des droits civils par suite de condamnations judiciaires se rencontre dans l'*interdiction légale* qui est un des effets de toute peine afflictive (2).

49. Suivant la nature des droits que l'on considère, on distingue différentes espèces de domicile : domicile politique, domicile de secours, domicile civil. Ce dernier, le seul dont il soit ici question, est général ou spécial suivant qu'il s'applique à la généralité des droits et obligations civiles ou seulemeut à certaines relations juridiques.

Le domicile général de tout Français est au lieu où il a son principal établissement. Le changement de domicile résulte d'une habitation réelle dans un autre lieu, jointe à l'intention d'y fixer son principal établissement (3). La loi attribue aux fonctionnaires inamovibles, aux femmes mariées, aux mineurs non émancipés, aux interdits, à ceux qui servent ou travaillent habituellement chez autrui, un domicile qu'on appelle *domicile de droit* (4).

---

(1) art. 489-512, 1124 et 1125, C. N. — Voir L. 30 juin 1838, sur les aliénés — Quant au prodigue qui, sans être aliéné dans le sens propre du mot, dépense follement sa fortune, la loi autorise les tribunaux à lui donner un surveillant, appelé conseil judiciaire, sans l'assistance duquel il ne peut faire les actes énumérés dans l'art. 513, C. N.

(2) Art. 29-31, C. P.

(3) Art. 102-105 et 110, C. N.

(4) Art. 107-109, C. N.

Le domicile spécial résulte soit d'une disposition de la loi (1), soit de la volonté des parties *(domicile élu)* (2).

50. L'*absent*, dans le sens technique du mot, est celui dont un jugement a déclaré l'existence incertaine.

La loi attribue à la simple *présomption d'absence* certains effets quant aux biens (3) et aux enfants mineurs du présumé absent (4).

Quant à l'absence proprement dite ou absence déclarée (5), deux périodes sont à distinguer :

Dans la première, il y a lieu : soit à l'envoi provisoire en possession de tous les biens de l'absent (6) ; soit à l'administration légale par l'époux présent de tous les biens de l'absent (7); soit enfin à l'envoi provisoire et à l'administration légale simultanément (8).

Dans la seconde période, il n'y a lieu qu'à une seule mesure : L'envoi définitif en possession des biens de l'absent (9).

---

(1) Ex : Art. 74, C. N.

(2) Art. 111, C. N.

(3) Art. 112-114, C. N.

(4) Art. 141-143 C. N.

(5) Art. 115-123, C. N.

(6) Art. 123-128 et 130, C. N.

(7) Art. 124, C. N.

(8) Art. 124, C. N.

(9) Art. 124, 127, 129, 130, 131, 132 et 133, C. N.

Certaines dispositions sont communes à la présomption et à la déclaration d'absence (1).

51. L'étranger admis par autorisation du roi à établir son domicile en France, y jouit de tous les droits civils, tant qu'il continue d'y résider (2). Toutefois son état et sa capacité ne cessent pas d'être régis par sa loi d'origine (3).

Quant à l'étranger non autorisé à établir son domicile en France, il jouit des mêmes droits civils que ceux accordés aux Français par les traités avec la nation à laquelle il appartient (4).

§ II. — *Des personnes morales.*

52. Généralités sur les personnes morales.
53. Objet des deux chapitres suivants.

52. On appelle *personne morale* ou *personne civile* un être collectif et abstrait, d'une existence purement juridique, capable de posséder un patrimoine et de devenir le sujet des droits et obligations relatifs aux biens. Sans cette fiction de la loi, un établissement formé par la réunion d'une

---

(1) Art. 135, 139, C. N. — Voir en ce qui concerne l'absence des militaires et autres personnes attachées au service des armées, L. 11 ventôse an II ; 13 janvier 1817 et 9-12 août 1871.

(2) Art. 13, C. N. — Voir encore les lois des 3 décembre 1849 et 29 juin 1867 sur la naturalisation et le séjour des étrangers en France.

(3) Arg. Art. 3, 3°, C. N. — On appel *statut personnel* toutes les dispositions de loi qui ont pour objet principal et prédominant de régler l'état des personnes et leur capacité, soit pour tous les actes de la vie civile en général, soit pour quelques-uns de ces actes en particulier. Le *statut réel* se compose des lois qui ont pour objet direct et principal de déterminer la condition juridique des biens.

(4) Art. 11, 14-16, C. N. — Voir L. 14 juillet 1819.

foule d'intérêts divers, ne pourrait être considéré comme une seule personne ; il faudrait, toutes les fois qu'un établissement de ce genre voudrait acquérir quoique ce soit, l'intervention de tous ses membres, dont chacun deviendrait alors propriétaire *pro indiviso* de la chose acquise. De même, si cet établissement voulait plaider, chacun de ses membres devrait être désigné nominativement dans l'acte introductif d'instance : la formule *un tel et consorts* serait une violation de la règle que *nul en France ne plaide par procureur*. C'est pourquoi il a été admis que certains établissements pourraient être constitués en personnes civiles. Alors ceux qui sont chargés des intérêts de ces établissements, agissent, au nom de ces personnes civiles, sous le titre qui leur a été donné, et les actes ainsi faits sont aussi valables que s'ils étaient passés par un particulier à raison de ses propres affaires (1).

A l'exception de l'Etat, qui constitue de plein droit une personne morale, ces personnes ne peuvent se former ou s'établir au sein de la société française qu'en vertu d'un acte de la puissance publique (2), qui les crée et supprime à volonté (3).

---

(1) *Dictionnaire administratif* de Maurice Block, v° *Etablissements publics.*

(2) C'est-à-dire par une loi ou un décret, et très-exceptionnellement par un arrêté préfectoral (L. 24 juillet 1867).

(3) C'est ainsi que l'*Hôtel des Invalides de la Guerre* qui, pendant longtemps, a constitué une personne civile, a perdu ce caractère en 1832 (L. 21 avril 1832, art. 50), tandis que la *Caisse des Invalides de la Marine* forme aujourd'hui encore *un établissement distinct de l'Etat* (L. 13 mai 1791).

53. Parmi ces êtres de raison, les uns tels que les sociétés de commerce, ne relèvent que du droit privé et constituent ce qu'on appelle des personnes civiles *privées*, tandis que les autres tels que l'Etat, les départements, les communes, les établissements *publics* et les établissements d'utilité publique (1), appartiennent au droit administratif. Nous ne nous occuperons pas de toutes les personnes morales qui relèvent du droit administratif, mais seulement de l'Etat, des départements, des communes et sections de communes et de certains établissements publics. Nous consacrerons à l'Etat, la plus considérable de toutes ces personnes, le second chapitre de cette première partie, et, dans le troisième, nous grouperons ce que nous devons dire des départements, communes et autres établissements publics.

---

(1) Il importe de ne pas confondre les établissements *publics* avec les établissements d'*utilité publique*. Il ne faut pas non plus confondre avec les établissements publics ou d'utilité publique, certains établissements créés et entretenus aux frais de l'Etat, des départements, des communes ou des établissements publics, et qui, dépourvus de toute personnalité civile, ne sont pas des *établissements publics* dans le sens propre du mot. Ainsi nos divers établissements militaires ne sont pas des établissements publics ; il en est de même de l'armée et de ses diverses fractions. C'est pourquoi les dons et legs faits à ces corps ou établissements militaires ou à l'armée en général, sont acceptés, non pas en leur nom, mais au *nom de l'Etat* lui-même.

CHAPITRE DEUXIÈME

De l'Etat.

—

54. De l'Etat. — Division de ce chapitre en trois paragraphes.

54. L'Etat est la personnification des intérêts généraux de la société française.

Le nombreux personnel au service de l'Etat comprend deux grandes catégories, savoir :

1º Ceux qui *représentent* l'Etat à un titre quelconque ;

2º Les *employés* dont les fonctions sont purement intérieures, purement sédentaires, et qui sont privés de tout pouvoir propre de décision. Si les plus haut placés parmi eux peuvent signer les actes dont-la préparation leur a été confiée, ce n'est qu'en vertu d'une délégation sans laquelle leur signature n'aurait pas plus de valeur que celle d'un simple expéditionnaire (1).

Nous n'avons rien de plus à dire des employés ; mais nous devons considérer plus attentivement les divers représentants de l'Etat parmi lesquels nous distinguerons :

---

(1) On peut citer comme exemples, les directeurs, chefs de service et autres employés des diverses administrations centrales [Voir ci-après, Nº 56]; les employés des bureaux de l'intendance militaire, etc.

1° Ceux dont l'action s'étend à tout le territoire français (administration centrale).

2° Ceux dont l'action est restreinte à une circonscription déterminée, et qui, à leur tour, se partageront en deux groupes dont le premier comprendra ceux qui sont investis d'attributions générales, et le second ceux qui sont pourvus d'attributions spéciales.

De là, la division de ce chapitre en trois paragraphes.

§ I. — *De l'administration centrale.*

55. Du chef de l'Etat considéré comme administrateur.
56. Des ministres. — Attributions communes à tous les ministres.
57. Attributions propres au ministre de la Guerre.
58. Conseil d'Etat.
59. Conseils spéciaux placés auprès des ministres.

55. L'administration centrale comprend : le chef de l'Etat, les ministres, le conseil d'Etat et les conseils spéciaux placés auprès des ministres.

Le chef du pouvoir exécutif est l'administrateur suprême de l'Etat. Ses actes reçoivent aujourd'hui le nom de *décrets.*

On distingue les décrets *généraux* ou *règlementaires* et les décrets *spéciaux.*

Les premiers se subdivisent en règlements d'*administration publique* préalablement délibérés en conseil d'Etat (1), et décrets *règlementaires pro-*

____

(1) Ex : D. 10 avril 1873, rendu pour l'exécution des art. 11 et 13 de la loi du 15 juin 1872, sur les titres au porteur.

prement dits, rendus sur la proposition d'un ou de plusieurs ministres , sans l'intervention du conseil d'Etat (1). Ces deux sortes d'actes règlementaires ont reçu de la loi une sanction pénale (2).

Certains décrets *spéciaux* doivent être rendus *dans la forme des règlements d'administration publique* (3).

Lorsque le chef de l'Etat se borne à approuver la proposition d'un ministre, sans qu'un décret soit rédigé, on dit qu'il y a *décision* (4).

56. L'administration générale de l'Etat est aujourd'hui répartie entre neuf départements ministériels.

Prendre des *arrêtés* qui n'ont d'autorité qu'autant qu'ils s'appliquent exclusivement à des personnes ou à des choses placées entièrement sous la main du ministre, et n'ont à l'égard des tiers qu'une valeur *doctrinale* ; *quelquefois* même faire des règlements (5); donner à *leurs subordonnés*

---

(1) Ex : D. 31 mai 1862, sur la comptabilité publique.

(2) Art. 471, N° 15, C. P.; art. 271, C. M.; D. 5-11 nov. 1870.

(3) Ex : L. 10-29 août 1871, art. 47, *in fine*.

(4) Ex : Décision présidentielle du 13 janvier 1873 qui prolonge jusqu'au 28 février suivant les pouvoirs des intendants militaires inspecteurs.

(5) Les ministres n'ont point en général et par eux-mêmes le pouvoir réglementaire qui ne peut que leur être délégué, pour un objet défini, par une loi ou par un décret. La loi des 27 juillet-17 août 1872, art. 70, et le décret du 19 mai 1873 relatif à la fabrication des huiles et essences inflammables (art. 1er) nous offrent des exemples de semblables délégations. A ce propos, signalons une fois pour toutes l'habitude prise dans certaines administrations de donner le nom de *règlement* à des actes dépourvus de toute autorité règlementaire, et qui, malgré leur dénomination, n'ont que l'autorité d'une simple instruction ministérielle.

des instructions générales (circulaires) ou individuelles pour l'application des lois et règlements ; passer des marchés ; liquider et ordonnancer les dépenses publiques ; telles sont les attributions communes à tous les ministres.

Pour les aider dans cet immense travail, les ministres ont auprès d'eux un grand nombre d'employés placés sous les ordres de chefs intermédiaires, directeurs généraux, directeurs, chefs de service, chefs de bureau, etc. dont l'ensemble constitue, pour chaque département ministériel, ce qu'on nomme *son administration centrale* (1), laquelle comprend en outre les conseils spéciaux placés auprès de chaque ministre (2).

Enfin, pour surveiller, dans toute l'étendue du territoire, la marche des divers services publics, les ministres ont à leur disposition des inspecteurs généraux, inspecteurs, etc. etc (3).

57. Les limites de notre cadre ne nous permettant pas de donner la nomenclature des objets compris dans chaque département ministériel (4),

---

(1) L. 23 juillet 1843, art. 7. — Voir en ce qui concerne l'administration centrale de la guerre, D. 8 juin 1871 ; 36 septembre et 21 décembre 1871 ; 7 septembre 1873 ; 24 février, 12 mars, 1er juin et 4 octobre 1874. — Voir ci-dessus, no 54 et la note.

(2) Voir ci-après, no 59.

(3) C'est ainsi que les divers services de la guerre sont surveillés par des inspecteurs généraux, des inspecteurs administratifs, des inspecteurs médicaux, etc. etc. — Voir sur ces diverses inspections les instructions que publie chaque année le *Journal militaire officiel*.

(4) Voir à cet égard l'*Almanach national*. Du reste, le nom des divers ministères (autres que celui de l'intérieur) donne une idée générale assez exacte du enre d'affaires qui ressortissent à chacun d'eux.

nous nous contenterons d'énumérer les principales attributions du ministre de la guerre (1), savoir :

1° L'organisation, le recrutement, l'instruction, la discipline et le mouvement de l'armée de terre ; le travail sur les grades, avancements et récompenses militaires, sur la nomination aux emplois ; la police et la justice militaires.

2° La conservation du domaine militaire ; les fournitures, vivres et approvisionnements de toute nature nécessaires à l'armée, la solde, le travail sur les pensions de retraite, pensions et traitements de réforme, etc. etc.

---

(1) « En 1802, on créa un ministère de l'administration de la guerre, autre « que le ministère de la guerre. Dans la guerre, il y a deux grandes parties, la « guerre proprement dite et lorsqu'on n'est pas en guerre, il y a la guerre propre- « ment dite dans ce sens qu'il y a la formation, l'instruction, la discipline, le « mouvement de l'armée, ce qui comprend les nominations, promotions, etc. etc. ; « puis il y a l'administration de la guerre, car la guerre est un des ministères qui « demandent la plus large part dans la fortune nationale, et la guerre a besoin de « certains faits très-nombreux, très-importants qui sont au fond des faits civils « plutôt que des faits militaires. Je m'explique : On ordonne une levée de tant de « mille hommes, c'est une chose importante de savoir comment ils seront armés, « équipés, comment ils seront instruits, où ils seront dirigés, etc. Mais quand la « guerre a décidé que ces tant de mille hommes seront répartis tant dans l'infanterie, « tant dans la cavalerie, qu'ils seront, en conséquence, habillés de telle ou telle « façon, il faudra passer des marchés, acheter du drap, de la toile, faire une « quantité d'actes qui sont de purs actes d'administration. Il y a donc, comme vous « le voyez, deux branches dans cette partie de l'administration publique. Le « premier consul fit du ministère de la guerre deux ministères : le ministère de la « guerre et le ministère de l'administration de la guerre ». [Rossi, *cours de droit constitutionnel*, T. IV, p 313 et 314].

58. Le conseil d'Etat (1) considéré comme *conseil administratif*, a pour organes les sections *administratives* et l'Assemblée générale du conseil d'Etat.

Il donne son avis sur les projets de décret et, en général, sur les questions qui lui sont soumises par le Président de la République ou par les ministres. Il est *nécessairement* appelé à donner son avis sur les décrets portant règlement d'administration publique et sur les décrets qui doivent être rendus dans la forme des règlements d'administration publique.

59. Nous venons de dire que le conseil d'Etat donne son avis sur les questions qui lui sont posées par les ministres ; mais ceux-ci ne le consultent guère que sur des questions de *droit*. Lorsqu'il s'agit de résoudre des questions *techniques*, les ministres s'adressent à des conseils, comités ou commissions composés d'hommes spéciaux. C'est ainsi qu'auprès du ministre de la guerre, nous trouvons : le conseil supérieur de la guerre (2), les comités consultatifs de l'artillerie (3) et des fortifications (4), le comité de défense (5),

---

(1) L. 24-31 mai 1872 portant réorganisation du conseil d'Etat ; D. 21-25 août 1872 portant règlement sur le service intérieur du conseil ; L. 1er 4 août 1874 ; D. 12 août 1874.

(2) Décisions présidentielles 27 juillet et 5 octobre 1872.

(3) D. 11 mars 1850.

(4) D. 11 mars 1850.

(5) Décision présidentielle 28 juillet 1872.

le conseil de santé des armées (1), la commission militaire supérieure du chemin de fer (2), la commission d'hygiène hippique (3), la commission mixte des travaux publics (4), la commission de défense des côtes (5), et les commissions de classement des candidats aux divers grades de l'armée (6).

§ II. — *Représentants locaux de l'Etat investis d'attributions générales.*

60. Préfets, Sous-Préfets et Maires.

60. Les représentants locaux de l'Etat dont il est ici question, représentent le gouvernement dans son ensemble, et sont revêtus d'une autorité générale en vertu de laquelle ils exercent toutes les fonctions non conférées à un agent spécial, et même suppléent cet agent dans les lieux où il n'en est point établi (7). Ils sont appelés, dans les conditions et les limites fixées par les lois, à prendre des *arrêtés* règlementaires qui ont pour sanction des peines que l'autorité judiciaire applique aux contrevenants (8).

---

(1) D. 23 mars 1852.

(2) D. 14 nov. 1872 ; 25 février et 30 juin 1873.

(3) R. 12 juin 1852.

(4) O. 18 sept. 1816 ; L. 7 avril 1851 ; D. 16 août 1853.

(5) Décisions ministérielles 11 février 1841 ; 20 août et 13 septembre 1853.

(6) Voir dans l'*Annuaire militaire* la liste de ces commissions.

(7) C'est ainsi que, dans les villes ou communes qui ne sont pas places de guerre, des conseillers de préfecture délégués par le Préfet, les Sous-Préfets et les Maires sont appelés à suppléer les Sous-Intendants militaires, sous les réserves spécifiées dans les divers règlements. [O. 18 septembre 1822, art. 18 ; 10 juin 1829, art. 13; etc].

(8) Art. 471, N° 15, C. P.; art. 271, C. M. — Voir ci-dessus, N° 55.

Ces fonctionnaires dont le législateur s'est attaché à réduire le nombre, sont :

1° Le préfet qui, dans chaque département, représente l'administration centrale, correspond avec *tous* les ministres et reçoit directement les ordres de *tous* les ministres (1). Il a auprès de lui un secrétaire-général, son principal auxiliaire et son suppléant habituel (2), puis le conseil de préfecture, imitation réduite du conseil d'Etat, qui, à l'instar de ce dernier, doit répondre aux questions que le préfet juge à propos de lui soumettre et dont l'avis doit quelquefois être demandé sous peine d'excès de pouvoir (3).

2° Le sous-préfet chargé, dans chaque arrondissement autre que l'arrondissement chef-lieu, de l'instruction des affaires et de l'exécution des mesures arrêtées par l'administration supérieure. Simples intermédiaires, sauf de rares exceptions, les sous-préfets ne prennent aucune décision et sont dépourvus de tout pouvoir personnel (4).

3° Enfin le maire qui, dans la plupart des communes, est le seul représentant de l'administration centrale. Il est assisté d'un adjoint au moins (5).

---

(1) L. 28 pluviôse, an VIII ; D. 25 mars 1852 et 13 avril 1861. — C'est à cause de la dépendance des préfets vis-à-vis de tous les ministres que les propositions pour leur nomination sont portées au Conseil des Ministres.

(2) L. 28 pluviôse an VIII, O. 29 mars 1821 ; L. 21 juin 1865.

(3) La loi du 28 pluviôse an VIII ne contient aucune disposition sur les attributions consultatives des conseils de préfecture, il faut les chercher dans une série de lois et de règlements. — L. 21 juin 1865.

(4) L. 28 pluviôse an VIII, art. 8, D. 13 avril 1861 ; L. 4 mai 1864.

(5) L. 14-15 avril 1871 ; L. 20-21 janvier 1874.

§ III. — *Représentants locaux de l'Etat investis d'attributions spéciales.*

61. A côté des fonctionnaires qui représentent l'Etat à titre général, nous en trouvons beaucoup d'autres dont la capacité est restreinte à un objet déterminé : pour les travaux publics, les ingénieurs en chef, ingénieurs ordinaires, conducteurs ; pour l'instruction publique, les recteurs, proviseurs, principaux de collége, professeurs et régents ; pour la marine, les préfets maritimes, placés dans cinq ports seulement ; pour les cultes, les évêques, curés, desservants, les présidents de consistoires ; pour la justice, les procureurs généraux et procureurs de la république ; pour les finances, les directeurs de régies et leurs subordonnés, les trésoriers-payeurs-généraux, receveurs particuliers et percepteurs ; pour la guerre, les commandants de corps d'armée, etc. ; pour les affaires étrangères, les ambassadeurs, ministres,

consuls généraux, consuls. Les titres mêmes de ces fonctions en indiquent suffisamment l'objet précis (1).

62. Pour quelques-uns de ces services, celui des ponts-et-chaussées, par exemple, le préfet est l'intermédiaire obligé entre les agents locaux et le ministre compétent, tandis que, pour d'autres, les agents locaux relèvent immédiatement du ministre au département duquel ils ressortissent et correspondent directement avec lui ; c'est ce qui a lieu pour les services de l'armée de terre (2) et de la marine.

La division territoriale en départements, arrondissements, cantons et communes, sert au placement des agents du plus grand nombre des services publics ; mais les nécessités de certains services ont conduit à créer pour eux des circonscriptions spéciales telles que les circonscriptions propres aux services militaires ou maritimes.

Les limites et la spécialité de ce travail ne nous permettant pas de nous arrêter davantage à ces divers services dont nous ne parlons ici que pour mémoire (3), nous passons dès maintenant à ce qui concerne notre organisation militaire.

63. Le territoire de la France continentale est

---

(1) Vivien, *Etudes administratives*, t. I, p. 73.

(2) Ce qui ne veut pas dire que les préfets, sous-préfets et maires restent complètement étrangers à ce qui concerne l'armée de terre ; chacun sait qu'ils prennent une large part aux opérations relatives au recrutement de l'armée.

(3) Toutefois nous aurons plus tard à dire quelques mots de diverses administrations financières. — Voir ci-après, nos 160 et suiv.

divisé, pour l'organisation militaire, en dix-huit régions et en subdivisions de région (1).

Dans chaque région, le général commandant le corps d'armée a sous son *commandement* le territoire, les forces de l'armée active et de sa réserve, de l'armée territoriale et de sa réserve, ainsi que tous les services et établissements militaires exclusivement affectés à ces forces. Il exerce en outre une *surveillance* permanente sur les établissements qui, destinés à assurer la défense générale du pays, ou à pourvoir aux besoins généraux des armées, restent sous la direction immédiate du ministre de la guerre.

Cet officier général a pour premier auxiliaire un chef d'état-major général qui a sous sa direction un service d'état-major composé d'officiers de divers grades et de commis aux écritures, et divisé en deux sections :

1° Section active marchant avec les troupes, en cas de mobilisation ;

2° Section territoriale attachée à la région d'une manière permanente, chargée d'assurer en tout temps le fonctionnement du recrutement, des hôpitaux, de la remonte et en général de tous les services territoriaux. (2)

---

(1) L. 24 juillet 1873, art. 1er ; D. 6 août 1874. — Paris et Lyon ne sont pas centres de circonscriptions régionales ; l'Assemblée est actuelleemnt saisie d'un projet de loi relatif au commandement supérieur de ces deux places [Voir le *Journal officiel* du 28 juillet 1874, annexe n° 2519].

(2) L. 24 juillet 1873, art. 14, 16 et 23. — D. 2 août 1874. — Voir au *Journal officiel* du 3 décembre 1874 [annexe n° 2717] un projet de loi relatif au service d'état-major.

Dans chaque ville de garnison (ouverte ou fermée), le commandement a été organisé par des dispositions règlementaires (1).

64. Le commandant du corps d'armée dont les attributions s'étendent à toutes les branches du service militaire, a auprès de lui et sous ses ordres diverses catégories d'officiers, fonctionnaires et agents dont l'action est limitée à une spécialité plus ou moins étroite (2), et dont la situation vis-à-vis du commandant du corps d'armée n'est pas sans analogie avec celle qu'occupent vis-à-vis des préfets les représentants locaux des diverses administrations publiques (3). Nous n'avons pas à donner ici la nomenclature (beaucoup mieux à sa place dans l'*Annuaire militaire*) du personnel affecté à tous les services spéciaux de l'armée ; mais nous citerons comme exemples :

L'état-major particulier de l'artillerie (4) ;

L'état-major particulier du génie (5) ;

---

(1) D. 13 octobre 1863, art. 225-229 ; D. 5 avril 1872. — La subdivision de région ne constitue pas, en ce qui concerne l'autorité militaire proprement dite, une circonscription territoriale. Voir, ci-après, nᵒ 65 et la note.

(2) Les services auxquels ce personnel est affecté sont donc bien, dans l'acception rigoureuse du mot, des services *spéciaux* ; cependant la loi du 24 juillet 1873, art. 14, réserve cette dénomination aux services qui restent placés sous la direction immédiate du ministre.

(3) Voir ci-dessus, nᵒˢ 61 et 62.

(4) Voir au *Journal officiel* 9-11 août 1874 [annexe nᵒ 2565] un projet de loi sur l'administration de l'armée. — Voir ci-après, nᵒˢ 103 et 105.

(5) Voir la note précédente et ci-après, nᵒˢ 98, 99, 103 et 106.

L'intendance militaire, les officiers de santé et des services administratifs *(stricto sensu)* (1) ;

Le personnel employé dans les dépôts de remonte (2).

Les états-majors de l'artillerie , du génie et les divers services administratifs et de santé sont, comme le service d'état-major, divisés en partie active et en partie territoriale (3).

La plupart de ces services emploient de nombreux commis, ouvriers, etc., organisés en sections, compagnies, etc. (4).

65. En temps de paix, les corps d'armée ne sont pas réunis en armée à l'état permanent; mais chacun d'eux est organisé d'une manière permanente en divisions et brigades (5) qui, comme le corps d'armée lui-même, sont toujours pourvues du commandement, des états-majors et de tous les services nécessaires pour entrer en campagne.

La loi détermine la composition détaillée des corps d'armée, des divisions et des brigades, celle des cadres des corps de troupe de toutes armes et les effectifs de ces corps de troupe,

---

(1) Voir l'avant-dernière note.

(2) Voir ci-après, Nᵒ 107.

(3) L. 24 juillet 1873, art. 16.

(4) Ex : Les sections de commis et ouvriers militaires, les sections d'infirmiers, [D. 2 août 1874], les compagnies d'ouvriers d'artillerie, de cavaliers de remonte, etc.

(5) En parlant des autorités militaires [ci-dessus, Nᵒ 63] , nous n'avons pas fait mention des commandants de ces divisions et brigades, auxquels la loi du 24 juillet 1873 n'a pas attribué de *commandement territorial.* — Voir au *Journal officiel* du 18 juillet 1873 la discussion d'un amendement proposé par MM. le général Billot et autres.

tant sur le pied de paix que sur le pied de guerre (1).

66. Tout Français qui n'est pas reconnu impropre à tout service militaire ou exclu pour cause d'indignité, doit le service militaire personnel et fait partie :

De l'armée active pendant cinq ans ;

De la réserve de l'armée active pendant quatre autres années à l'expiration desquelles il passe dans l'armée territoriale (2).

Toutefois la loi dispense du service d'activité en temps de paix :

1° Les jeunes gens considérés comme ne pouvant être enlevés à leur famille sans y laisser un trop grand vide, quelle que soit d'ailleurs la situation de fortune de la famille (3) ;

2° Les jeunes gens qui s'engagent à rester pendant un certain temps dans des carrières qu'il importe à l'Etat de leur voir suivre (4) ;

3° Les soutiens indispensables de famille (5).

En outre, des sursis d'appel peuvent être accordés à plusieurs catégories de jeunes gens qu'il convient de ne pas enlever immédiatement à leurs travaux (6).

---

(1) L. 24 juillet 1873, art. 6, 7 et 9. —Voir au *Journal officiel* du 12 au 16 novembre 1874, le rapport de M. le général Chareton sur le projet de loi relatif à la constitution des cadres [Annexe N° 2677].

(2) L. 27 juillet 1872, art. 1, 3, 7, 16, 36 et 38. — Voir ci-après N°ˢ 214-217.

(3) Même loi, art. 4, 17, 25, 26 et 31, 2°.

(4) Même loi, art. 4, 20 et 31, 3°.

(5) Même loi, art. 4, 22, 25 et 26.

(6) Même loi, 23-26.

Les jeunes gens déclarés propres au service armé qui ne sont pas affectés à l'armée de mer (1), sont, suivant l'ordre de leurs numéros, divisés en deux catégories ; ceux de la première, susceptibles de rester cinq ans sous les drapeaux sont répartis entre les divers corps ou services *sans distinction de région ;* les autres qui, après un an de service, doivent passer dans la disponibilité de l'armée active, sont immatriculés dans les corps de troupe *de la région de leur domicile* (2).

Quant aux jeunes gens qui, pour défaut de taille ou pour tout autre motif, ont été dispensés du service dans l'armée active, mais ont été reconnus aptes à faire partie d'un des services auxiliaires de l'armée, ils sont, en cas de mobilisation, appelés à compléter le personnel de ces services (3).

67. Indépendamment des jeunes gens appelés au service comme il vient d'être dit, l'armée active comprend encore :

1° Des militaires liés au service en vertu d'engagements volontaires dont la durée est de cinq ans en temps de paix et qui, en temps de guerre, peuvent être contractés pour la durée de la guerre par tout Français libéré du service de l'armée active et de la réserve de l'armée active.

---

(1) Des permutations de numéros peuvent avoir lieu entre les jeunes gens affectés à l'armée de mer et ceux de la même classe affectés à l'armée de terre. [L. 27 juillet 1872, art. 37, 3° ; D. 13 juin 1873].

(2) L. 27 juillet 1872, art. 39-42 ; L. 24 juillet 1873, art. 11, 12, 20 et 24.

(3) L. 27 juillet 1872, art. 16 et 31, 4°. — Voir ci-dessus N° 64 *in fine*.

2° Des militaires qui, à la veille d'être envoyés en disponibilité, ont contracté, devant un fonctionnaire de l'intendance, l'engagement de compléter cinq années de service dans l'armée active.

3° Des militaires qui, pendant le cours de leur dernière année de service sous les drapeaux se sont rengagés pour deux ans au moins et cinq ans au plus (1).

4° Enfin, des engagés conditionnels d'un an ou volontaires d'un an (2).

68. L'avancement aux divers grades de la hiérarchie militaire proprement dite (caporal, sous-officier, etc.) a lieu à un double titre : au choix ou à l'ancienneté. Celle-ci ne s'applique qu'à des hommes déjà éprouvés par des choix discrétionnaires antérieurs, et s'arrête aux emplois qui entraînent une trop grande responsabilité pour que l'expérience et la pratique puissent y suffire; elle ne fait que des lieutenants, des capitaines et des chefs de bataillon ou d'escadron.

L'avancement soit au choix, soit à l'ancienneté, ne peut être donné qu'à ceux qui ont servi dans le grade inférieur pendant un temps dont le minimum varie suivant les cas (3).

Dans les autres hiérarchies propres à quelques services militaires, les mêmes principes ont servi

---

(1) L. 27 juillet 1872, art. 46-52 ; D. 30 novembre 1872; D. 18 juin 1873.

(2) L. 27 juillet 1872, art. 53-57; D. 31 octobre, 30 novembre et 1er décembre 1872 ; L. 24 juillet 1873 art. 38 , D. 28 novembre 1873.

(3) L. 14 avril 1832 , O. 16 mars 1838 ; L. 4 août 1839 ; L. 5-10 janvier 1872; 21 décembre 1872, etc.

à déterminer les parts respectives de l'ancienneté et du choix (1).

69. La suspension, la rétrogradation et la cassation des caporaux et sous-officiers ne sont régies que par des dispositions purement règlementaires. Les hommes de troupe ne cessent de faire partie de l'armée que par libération, réforme (N° 1 ou N° 2), admission à la retraite, condamnation à une peine afflictive ou infamante (2).

Quant aux officiers, leur état est garanti par la loi qui distingue entre le grade et l'emploi. Le grade constitue l'état de l'officier qui ne peut le perdre que pour l'une des causes ci-après : démission acceptée, perte de la qualité de Français prononcée par jugement, condamnation à une peine afflictive ou infamante ou à certaines peines correctionnelles, destitution prononcée par un conseil de guerre. L'emploi, au contraire, est toujours à la disposition du gouvernement et peut être retiré soit pour un temps, soit d'une manière définitive. De là, pour l'officier, quatre positions distinctes : l'activité, la non-activité, la réforme et la retraite (3).

70. La hiérarchie militaire proprement dite (4)

---

(1) Voir les ordonnances ou décrets constitutifs de ces divers services.

(2) O. 2 nov. 1833, art. 289 et 352; Instruction ministérielle du 3 mai 1844; art. 189 et 190, C. M.; note ministérielle du 6 décembre 1866.

(3) L. 14 avril 1832, art. 24; L. 19 mai 1834, art. 1er; O. 21 mai 1836; art. 192, C. M.; L. 5-10 janvier 1872. — A ces quatre positions, il faut ajouter pour les officiers généraux et assimilés la *réserve* [L. 4 août 1839; D. 20 décembre 1852].

(4) L. 14 avril 1832; L. 4 août 1839.

et les hiérarchies propres aux divers corps ou services spéciaux de l'armée (1), classent les individus et assignent à chacun d'eux un grade et des devoirs définis. Il existe en outre entre les différentes armes ou services de l'armée une classification qui sert à déterminer la situation respective de ces armes ou services, comme aussi des militaires de corps ou armes différentes, dans les circonstances où ils sont appelés à se rencontrer, par exemple, dans les réunions de service, dans les fêtes ou cérémonies publiques (2).

La subordination militaire a lieu suivant la supériorité ou l'infériorité du grade, de la classe ou de l'emploi, et même suivant l'ancienneté dans le même grade, la même classe ou le même emploi, ou, à défaut, dans le grade immédiatement inférieur (3).

Aux idées de hiérarchie et de subordination se rattache tout naturellement l'idée de discipline (4), les peines disciplinaires sont :

---

(1) Voir les lois, décrets ou ordonnances qui organisent les divers services.

(2) D. 13 octobre 1863, art. 291 et suivants.

(3) O. 2 nov. 1833, préamb., art. 202, [*infanterie*] et 254 [*cavalerie*].

(4) Discipline et justice pénale sont deux choses *absolument distinctes* : la première s'adresse plus spécialement à des faits qui, pour un motif ou un autre, échappent à l'application de la loi pénale ; les *punitions* qui en sont la suite ne sont pas de véritables *peines*, comme les *décisions* qui les prononcent ne sont pas de véritables *jugements*, etc. L'action disciplinaire peut donc suivre ou précéder l'action pénale sans qu'on puisse invoquer de l'une à l'autre l'autorité de la chose jugée, [art. 360, I. C.; 137, C. M.; 167, C. marit.; 1350 et 1351, C. N.], la maxime *non bis in idem*. Voir dans ce sens divers arrêts de la cour de Cassation, notamment : 12 mai 1827 ; 22 déc. 1827, 29 déc. 1836, 12 avril 1837 et 21 mai 1851. — Voir encore le *Moniteur universel* du 28 déc. 1865, p. 1562.

1° Pour les soldats, caporaux ou brigadiers : la consigne, la salle de police, la prison, la cellule de correction, l'interdiction de porter le sabre, l'envoi aux compagnies de discipline.

2° Pour les sous-officiers : la privation de sortie du quartier après l'appel du soir, la consigne au quartier ou dans la chambre, la salle de police, la prison.

3° Enfin, pour les officiers, les arrêts simples, la réprimande du colonel, les arrêts de rigueur, la prison, la non-activité et la réforme (1).

71. L'organisation de l'armée territoriale, destinée à doubler l'armée active, est, autant que possible, calquée sur l'organisation de cette dernière.

Les hommes libérés du service de l'armée active et de la réserve de l'armée active font partie :

De l'armée territoriale pendant cinq ans ;

De la réserve de l'armée territoriale pendant six ans (2).

Ils sont répartis entre divers corps dont la formation a lieu :

Par subdivision de région, pour l'infanterie ;

Sur l'ensemble de la région pour les autres armes.

---

(1) A ces diverses punitions, il faut ajouter, pour les sous-officiers et caporaux la suspension, la rétrogradation et la cassation. — Voir O. 2 nov. 1833, art. 265 290 ; L. 19 mai 1834; art. 271, C. M.; D. 10 août 1872, etc.

(2) L. 27 juillet 1872, art. 36.

L'armée territoriale a en tout temps ses cadres régulièrement constitués ; mais les militaires de tout grade qui la composent, restent dans leurs foyers et ne sont réunis ou appelés à l'activité que sur l'ordre de l'autorité militaire. L'effectif, permanent et soldé,ne comprend que le personnel nécessaire à l'administration, à la tenue des contrôles, etc. etc.

En cas de mobilisation, les corps de troupe de l'armée territoriale peuvent être affectés à la garnison des places fortes, aux postes et lignes d'étapes, à la défense des côtes et des points stratégiques ; ils peuvent aussi êtreformés en brigades, divisions et corps d'armée destinés à tenir campagne. Enfin, ils peuvent être détachés pour faire partie de l'armée active.

L'avancement dans l'armée territoriale doit être réglé par une loi spéciale.

Un règlement d'administration publique doit déterminer les relations hiérarchiques entre l'armée active et l'armée territoriale (1).

72. Il ne peut être créé d'autres corps que ceux dont il vient d'être parlé, ni apporté de changements dans la constitution normale de ceux qui existent, qu'en vertu d'une loi.

En temps de guerre, un décret peut autoriser la formation, au moyen d'hommes appartenant à des services régulièrement organisés en temps de paix, de corps spéciaux destinés à servir,

---

(1) L. 24 juillet 1873, art. 29-35.

.soit avec l'armée active , soit avec l'armée territoriale (1).

Les généraux en chef, commandant les pays occupés par les armées françaises hors du territoire continental, peuvent être autorisés à former des corps militaires composés d'indigènes et d'étrangers (2).

73. Les rapports de l'autorité militaire avec l'autorité civile ne sont pas les mêmes dans l'état de paix, dans l'état de guerre ou dans l'état de siége.

En temps de paix, chacune de ces autorités est absolument indépendante de l'autre. L'armée ne peut agir à l'intérieur sans une réquisition écrite de l'autorité civile (3). Mais celle-ci est incompétente pour mander devant elle et faire arrêter les chefs et officiers des troupes réglées, pour des faits relatifs à leurs fonctions et à la conduite des troupes qui sont à leurs ordres (4).

Dans une place en état de guerre, l'autorité

---

(1) L. 24 juillet 1873, art. 8 et 10 — Voir les ordonnances des 31 mai et 27 août 1831 qui déterminent les cas dans lesquels les brigades armées de l'administration des douanes ainsi que les agents et gardes forestiers peuvent être affectés au service militaire, et prescrivent leur inscription sur des contrôles de guerre.

(2) L. 9 mars 1831.

(3) L. 26 juillet.— 3 août 1791, art. 32 ; art.234 et258, C. P., art. 25, I. C. etc. — Distinguer entre les officiers de police judiciaire, etc., qui ont le droit de requérir *directement* la force publique, et les agents qui, comme les gardes-champêtres, etc., ne peuvent la requérir que par l'intermédiaire du maire.

(4) L. 29 mai.— 1er juin 1790. —Les Préfets ou sous-préfets peuvent seulement appeler auprès d'eux, par écrit, l'officier commandant la gendarmerie de leur circonscription ou résidence pour des objets de service. [D. 1er mars 1854, art. 102, 103, 149].

civile ne cesse pas d'être chargée de l'ordre et de la police intérieure, mais elle ne peut rendre aucune ordonnance de police, sans s'être concertée avec le commandant militaire, ni refuser de rendre celles qu'il juge nécessaires à la sûreté de la place (1).

L'Etat de siége déclaré, les pouvoirs dont l'autorité civile était investie pour le maintien de l'ordre et de la police, passent à l'autorité militaire (2).

Le règlement sur le service dans les places de guerre (3) détermine les rapports entre l'autorité militaire et l'autorité maritime dans les places de guerre qui sont ports de la marine nationale.

CHAPITRE TROISIÈME

Départements. — Communes et sections de communes. — Etablissements publics.

74. Du préfet administrateur du département.
75. Du conseil général.
76. Commission départementale.
77. Conseil d'arrondissement.
78. Du maire, organe de la commune.
79. Du conseil municipal.
80. Des sections de communes.

---

(1) D. 1er octobre 1863, art. 230 et 242.
(2) L. 9-11 août 1849 ; L. 28 avril 1871.
(3) D. 13 octobre 1863, art. 268-290.

81. De quelques établissements publics. — Caisses des dépôts et consignations, de la dotation de l'armée et des offrandes à l'armée, Légion d'honneur, etc. etc.

74. C'est au préfet qu'est confié le pouvoir exécutif pour les affaires départementales ; c'est lui qui représente la personnalité civile du département. Il est chargé de passer tous les actes qu'entraîne la gestion des propriétés départementales, tous les contrats relatifs aux travaux publics départementaux, et de la direction de ces travaux. Il est l'ordonnateur des dépenses du département qu'il représente devant les tribunaux de l'ordre judiciaire ou administratif, à moins que le département ne plaide contre l'Etat, auquel cas le préfet représente celui-ci, tandis que le département est représenté par un membre de la commission départementale(1).

75. Le département représenté par le préfet dans la sphère de l'action, est représenté, dans celle de la délibération, par un conseil général dont les attributions, en ce qui concerne les intérêts propres du département (2), ont été successivement étendues ; sur certaines affaires, ce conseil statue définitivement, et, dans ce cas, ses délibérations ne peuvent être annulées que pour excès de pouvoir, ou violation de la loi ou d'un règlement d'admi-

---

(1) L. 10—29 août 1871, art. 54 et suiv.

(2) Le conseil général, principalement institué pour la gestion de ces intérêts, a en outre des attributions relatives aux intérêts généraux du pays (ex : la répartition de certains impôts votés par le pouvoir législatif) ou aux intérêts des communes (ex : classement ou déclassement des chemins vicinaux de grande communication ou d'intérêt commun). — Voir encore la loi des 15-23 février 1872.

nistration publique. Sur d'autres, les délibérations du conseil général sont exécutoires de plein droit si, dans le délai de trois mois, l'exécution n'en est pas suspendue par un décret motivé. Enfin, le conseil général est appelé à donner des avis et peut émettre des vœux sur toutes les questions économiques et d'administration générale (1).

L'organisation du conseil général de la Seine est l'objet de dispositions particulières (2).

76. Une commission départementale, élue chaque année par le conseil général et dans son sein, est investie de trois sortes d'atttributions : tantôt elle agit en vertu d'une délégation du conseil général; tantôt elle exerce sur les actes du préfet un contrôle qui se manifeste, soit par des avis, soit par une autorisation préalable et nécessaire; tantôt enfin, elle statue en vertu des pouvoirs propres qui lui sont conférés par la loi (3).

77. L'arrondissement n'étant pas une personne civile, les conseils d'arrondissement dont l'organisation est d'ailleurs très-analogue à celle des conseils généraux, n'ont pas à beaucoup près la même importance que ces derniers. Leur principale attribution consiste à répartir entre les communes de leur circonscription le contingent d'impôts assigné à chaque arrondissement par le conseil général. En dehors de cette attribution,

---

(1) L. 10-29 août 1871, art. 37 et suiv.; L. 7-9 juin 1873.
(2) L. 16-21 sept. 1871; L. 21-23 mai 1873; L. 7-9 juin 1873.
(3) L. 10-29 août 1871, art. 69-88.

ils n'ont qu'à donner des avis ou à émettre des vœux relativement aux intérêts locaux (1).

78. Le maire (2) que nous considérons maintenant comme administrateur de la commune (3), est investi, à ce titre, de pouvoirs de police et de gestion. Son pouvoir de police s'exerce par des arrêtés règlementaires ou par des mesures individuelles. Les fonctions de gestion consistent à conserver et administrer les propriétés de la commune, à contracter pour elle, à la représenter en justice, soit en demandant, soit en défendant, à diriger et faire exécuter les travaux qui sont à la charge de la commune, et à ordonnancer les dépenses qui doivent être payées sur les fonds communaux (4).

79. Le conseil municipal (5) est à la commune ce que le conseil général est au département. Les attributions des conseils municipaux se sont successivement développées. Ils peuvent prendre deux sortes de délibérations : les unes, sauf quelques restrictions, sont exécutoires par elles-mêmes, les autres ne le sont qu'après l'approbation de l'autorité supérieure. Comme les conseils généraux les conseils municipaux sont appelés à donner des avis sur des objets qui touchent à la

---

(1) L. 22 juin 1833; L. 3 juillet 1848; L. 7 juillet 1852; L. 7-9 juin 1873.

(2) L. 14-15 avril 1871, art. 9; L. 20-21 janvier 1874.

(3) Les attributions du Maire sont très-variées. Nous avons déjà vu (N° 60), qu'il est le représentant de l'administration centrale; il est en outre officier de l'état civil, officier de police judiciaire, etc.

(4) L. 18 juillet 1837, art. 10.

(5) L. 14-15 avril 1871 ; 7-10 juillet 1874.

fois à l'intérêt général et à l'intérêt local; ils peuvent exprimer des vœux sur tous les objets d'intérêt local (1).

L'organisation municipale de Paris est soumise à un régime spécial (2). Il en est de même de l'organisation municipale de Lyon, d'ailleurs très-analogue à celle de Paris (3).

80. La section de commune ne forme ni une circonscription territoriale administrative, ni un corps politique à part, mais seulement une personne civile qui n'existe qu'autant qu'elle a des droits de propriété ou de jouissance exclusive distincts de ceux de la commune ou des autres sections de commune. Les sections de communes sont, en principe, représentées par le conseil municipal, et, dans certains cas, par une commission syndicale (4).

81. Parmi les établissements publics, les uns ont une destination générale ou centrale; d'autres ont un caractère départemental ou communal; d'autres enfin desservent des circonscriptions indépendantes du département et de la commune. Nous n'avons pas à nous occuper de tous ces établissements, mais seulement de quelques-uns d'entre eux.

---

(1) L. 18 juillet 1837; 5 mai 1855; 24 juillet 1867; 7-9 juin 1873.

(2) L. 14-15 avril 1871, art. 10-17 ; 7-9 juin 1873.

(3) L. 4-10 avril 1873; 7-9 juin 1873.

(4) L. 18 juillet 1837, art. 56-58. — Voir le traité de M. Léon Aucoc sur *les sections de communes et les biens communaux qui leur appartiennent.* (2e édit. 1864). — Dans certains cas, les communes au lieu d'être fractionnées peuvent être groupées (L. 18 juillet 1837, art. 70-73).

Les établissements publics d'un caractère général et central qui doivent nous intéresser, sont :

1° *La caisse des dépôts et consignations* qui reçoit les sommes dont la consignation est ordonnée ou autorisée par la justice, ou qui sont sans maître actuel, des dépôts volontaires, certains cautionnements, etc. Elle est administrée par un directeur général et fonctionne, sous la surveillance d'une commission supérieure (1).

2° *La caisse de la dotation de l'armée* (actuellement en liquidation). Une commission supérieure est chargée de la surveillance de cette caisse, gérée, du reste, par la caisse des dépôts et consignations (2).

3° *La caisse des offrandes nationales*, qui a pour origine les dons faits pour venir en aide aux blessés et aux familles des militaires ou marins tués ou blessés dans la campagne d'Italie de 1859, est gérés par l'administration de la caisse des dépôts et consignations, sous la direction, le contrôle et la surveillance d'un comité supérieur (3).

4° Enfin, la *Légion-d'honneur*, qui est à la fois une institution dans l'ordre moral et politique et un établissement public, personne civile. L'administration, sous ce double rapport, en est confiée

---

(1) L. 28 avril 1816, art. 110 ; O. 3 juillet 1816 ; L. 21 juin — 14 juillet 1871.

(2) L. 26 avril 1855 ; 24 juillet 1860 ; L. 1er février 1868 ; D. 3 janv. — 23 fév. 1871.

(3) D. 18 juin 1860 ; L. 27 nov. 1872 ; D. 9 janvier 1873.

à un grand chancelier (1) auprès duquel un conseil de l'ordre est établi. La caisse des dépôts et consignations est chargée du service matériel des recettes et dépenses de la Légion-d'honneur et de ses établissements (2).

Parmi les établissements publics départementaux, nous signalerons les *asiles d'aliénés*. Ils sont administrés sous l'autorité du ministre et des préfets et sous la surveillance de commissions gratuites, par un directeur nommé par le ministre (3).

Enfin, parmi les établissements publics communaux, nous devons citer les *hôpitaux et hospices civils*. Dans chaque commune, une commission administrative gratuite est chargée collectivement de la direction et surveillance du service intérieur et extérieur, ainsi que de la gestion des biens et intérêts des établissements hospitaliers (4).

---

(1) D. 16 mars 1852 ; L. 25 juillet 1873 ; D. 14 avril 1874. — Le grand chancelier a en outre dans ses attributions la médaille de Ste-Hélène (D. 12 août 1857 ; 26 février 1858) ; la médaille militaire (D. 22 janvier 1852) et les autorisations nécessaires pour pouvoir porter en France des décorations ou médailles étrangères. — Voir une décision impériale du 30 juin 1869. — D. 9 mai 1874.

(2) D. 16 mars 1852. — Les maisons d'éducation des filles des membres de la Légion-d'honneur et celle des filles ou orphelines indigentes des familles dont les chefs ont obtenu la médaille militaire, dépendent de cette administration.

(3) L. 30 juin 1838.

(4) L. 21 mai 1873.

DEUXIÈME PARTIE.

DES CHOSES. — DES DROITS RÉELS·

---

82. Des choses considérées en elles-mêmes.
83. Des droits qu'on peut avoir sur les choses. — Droits réels.— Droits personnels. Renvoi.
84. Des moyens d'acquérir.

82. Le mot *choses* comprend tout ce qui existe physiquement ou moralement, excepté l'homme. Le mot *biens* ne s'entend que des choses susceptibles de procurer à l'homme un certain avantage et d'être soumises à sa possession pour constituer son patrimoine. C'est toujours comme synonyme de biens que le mot choses est employé par la loi ou par les commentateurs.

Les choses sont *corporelles* ou *incorporelles* suivant qu'elles tombent sous nos sens ou qu'elles ne peuvent être perçues que par l'entendement (1).

Les choses corporelles sont *meubles* ou *immeubles* suivant qu'elles peuvent ou non être transportées d'un lieu dans un autre sans changer de nature (2). La loi déclare *immeubles par*

---

(1) Cette distinction née de vicieuses habitudes de langage , est une source d'idées inexactes et de faux raisonnements ; mais comme on la rencontre dans des extes officiels *(ex.: art. 1607 et 2075, C. N.)* , nous ne pouvons la passer sous silence.

(2) Art. 516 , C. N. — Il faut laisser de côté les art. 533-536, C. N. que le législateur eût beaucoup mieux fait de ne pas écrire, et qui, dans beaucoup de cas, pourraient induire en erreur ; ex. : comp. art. 452 et 533, C. N.

destination des meubles qui se trouvent réelle-ment immobilisés par leur accession médiate ou immédiate au sol, pourvu que cette accession présente un certain caractère de permanence (1).

Les meubles corporels, considérés en eux-mê-mes, se divisent en choses de *consommation* ou de *non-consommation* suivant qu'ils se consom-ment ou ne se consomment pas *primo usu* (2).

Enfin, la loi a étendu à des choses incorporelles la distinction des choses corporelles en meubles et immeubles (3).

83. Les droits sur les objets extérieurs sont *réels* ou *personnels* (4).

Le droit réel est celui qui crée entre la chose et la personne à la puissance de laquelle elle se trouve soumise, un rapport immédiat et direct. Il engendre deux conséquences : 1° il donne *une cause de préférence* : celui qui en est investi n'a pas à craindre de concours des créanciers d'un débiteur ; 2° il donne généralement *le droit de suite*, c'est-à-dire qu'il peut être exercé *erga*

---

(1) Art. 517, 522-525, C. N.

(2) Art. 587, 1532, 1892, etc. C. N. Cette division qui n'est pas explicitement indiquée par la loi, ne doit pas être confondue avec celle qui distingue les choses en *fongibles* (*Res, quarum una alterius vice fungitur*) et *non-fongibles*. Les choses sont fongibles lorsque, en les livrant, on convient que leur restitution se fera au moyen d'autres choses de même espèce, qualité et quantité. Elles sont non fongibles quand on doit les rendre elles-mêmes. Une chose de consommation peut n'être pas fongible, et réciproquement : tout dépend de la volonté des parties.

(3) Art. 517, 526, 527, 529 C. N. — Voir encore D. 16 janv. 1808, tit. 1 ; D. 16 mars 1810, art. 13 ; etc.

(4) Voir ci-après, N° 179.

omnes, partout où se trouve la chose objet du droit.

Le droit personnel met celui qui en est investi, en rapport immédiat avec une personne, et seulement en rapport médiat avec la chose objet du droit. Il suppose nécessairement trois éléments : 1° la personne du créancier ; 2° la personne du débiteur ; 3° la chose objet du droit. Il n'engendre ni cause de préférence ni droit de suite, il ne peut être exercé que contre la personne obligée et ceux qui sont tenus de ses engagements (1). Nous ne dirons rien de plus, quant à présent, de cette dernière espèce de droits dont l'étude occupera toute notre troisième partie.

84. On entend par manières d'acquérir les faits et les actes auxquels la loi attache, sous certaines conditions, une acquisition de droits.

Suivant le point de vue auquel on se place, les manières d'acquérir sont susceptibles de plusieurs classifications ; nous signalerons seulement celle qui les divise en manières d'acquérir *à titre universel* et manières d'acquérir *à titre particulier*. Les premières ont pour objet l'universalité ou une partie aliquote du patrimoine d'une personne. Les secondes ne portent que sur des objets particuliers. L'acquéreur à titre universel est tenu des dettes

---

(1) On appelle encore droits personnels les droits de puissance que la loi donne au mari sur la personne de sa femme, au père et à la mère sur la personne de leurs enfants [art. 371 et suiv., 213 et 1388, C. N.). Il ne s'agit ici que des droits personnels proprement dits ou *droits de créance*.

de son auteur, tandis que l'acquéreur à titre particulier n'en est pas tenu (1) ; tel est l'intérêt
pratique de cette distinction.

Passons maintenant à l'étude des droits réels
et des modes d'acquisition dont chacun d'eux est
susceptible.

CHAPITRE PREMIER

Des droits réels.

85. Division de ce chapitre en cinq paragraphes.

85. La loi française ne reconnaît que trois espèces de droits réels : la propriété ; les servitudes
personnelles (usufruit, usage et habitation) et
réelles (services fonciers) qui sont des démembrements du droit de propriété ; les priviléges et
hypothèques (2). Nous parlerons donc : 1° du
droit de propriété ; 2° des servitudes personnelles ;
3° des servitudes réelles ; 4° de la *possession* ou
simple exercice du droit de propriété ou d'un droit
de servitude ; 5° enfin des priviléges et hypothèques. Ce sera le sujet d'autant de paragraphes.

§ I. — *De la propriété.*

86. En quoi consiste le droit de propriété.
87. Manières d'acquérir la propriété.

86. La propriété est le droit de jouir et de dis-

---

(1) Art. 870, 871, etc., C. N.
(2) Art. 543, 2114 et 2166, C. N.

poser des choses de la manière la plus absolue, pourvu qu'on n'en fasse pas un usage prohibé par les lois ou par les règlements (1). Les facultés inhérentes à la propriété ne sont pas susceptibles d'être énumérées en détail ; le propriétaire a notamment la faculté de recueillir tous les fruits (naturels, industriels ou civils) (2) produits par la chose ; de dénaturer sa chose ou même de la dégrader ou de la détruire (3) ; d'exclure les tiers de toute participation à l'usage, à la jouissance ou à la disposition de sa chose (4) ; de faire, à l'occasion de sa chose, tous les actes juridiques dont elle est légalement susceptible.

87. La propriété des biens s'acquiert et se transmet :

1º Par occupation, c'est-à-dire par l'appréhension d'une chose qui n'appartient à personne avec l'intention d'en devenir propriétaire (5) ;

2º Par accession ou réunion d'une chose à une autre dont elle devient partie accessoire (6) ;

3º Par tradition ou remise que le propriétaire fait de la possession de sa chose avec l'intention d'en transmettre la propriété (7) ;

---

(1) Art. 544, C. N.
(2) Art. 547, 583 et 584, C. N.
(3) Voir cependant art. 434, C. P.
(4) A la condition toutefois de respecter les servitudes dont la chose pourrait être grevée.
(5) Art. 561, 715-717, C. N.
(6) Art. 546-559 et 562-577, C. N.
(7) Art. 1141, 1585 et 2279, C. N.

4º Par succession. On appelle ainsi la transmission des biens, droits et charges d'une personne décédée à une ou plusieurs autres. Le même mot sert à désigner l'ensemble des biens transmis (1);

5º Par donation entre-vifs ou testamentaire La donation entre-vifs est un contrat par lequel le donateur se dépouille actuellement et irrévocablement de la chose donnée au profit du donataire qui l'accepte (2). On appelle testament l'acte par lequel le testateur dispose, pour le temps où il ne sera plus, de tout ou partie de ses biens, et qu il peut révoquer (3);

6º Par prescription (usucapion) (4) ;

7º Enfin, par l'effet des obligations, sans qu'il soit nécessaire qu'il y ait eu tradition, sauf restriction en ce qui concerne les meubles (5)

§ II. — *Servitudes personnelles*

88. Définition.
89. Usufruit.
90. Usage et habitation.

88. Les servitudes sont des droits réels qui donnent à un tiers la faculté de tirer de la chose d'autrui une certaine utilité. En thèse générale,

---

(1) Art. 711, 712, 718-892, C. N.
(2) Art, 893-966, C. N.; L. 23 mars 1855.
[3] Art. 967-1100, C. N. — Les art. 981-984, 998, 1000 et 1001, C. N. contiennent des dispositions spéciales relatives au testament des militaires aux armées.
[4] Voir ci-après, Nº 94.
[5] Art. 711, 1138, 1141, 1585 et 2279, C. N., L. 23 mars 1855.

elles ne consistent jamais qu'à souffrir ou à ne pas faire (1).

On les divise en servitudes personnelles et servitudes réelles.

Les servitudes personnelles, dont nous allons d'abord nous occuper, sont celles qui, établies pour l'avantage individuel d'une personne déterminée, ne sont dues qu'à cette personne, ne constituent que des droits temporaires ou viagers. Ces servitudes sont l'usufruit, l'usage et l'habitation.

89. L'usufruit est le droit de jouir des choses dont un autre a la propriété, comme le propriétaire lui-même, mais à la charge d'en conserver la substance (2). Le maître de la chose soumise à l'usufruit reçoit le nom de *nu-propriétaire.*

L'usufruit peut être établi sur toute espèce de choses, meubles ou immeubles, même sur celles qui se consomment *primo usu.* Il peut être établi ou purement, ou à certain jour ou à condition (3).

L'usufruit peut être établi par la loi ou par la volonté de l'homme (4).

Il s'éteint par la mort de l'usufruitier ; par l'expiration du terme marqué pour sa durée ; par la consolidation ; par le non-usage ; par la destruction de la chose, l'abus de la jouissance de l'usufruitier ; l'accomplissement de la condition

---

(1) Art. 600, 607, 698 et 699, C. N.
(2) Art. 578, C. N,
(3) Art. 580 et 581, C. N.
(4) Art. 384, 579, 754, 2262 et 2265, C. N. ; L. 23 mars 1855.

résolutoire à laquelle était soumis l'usufruit ; enfin, par la résolution du droit du constituant. L'usufruit peut encore s'éteindre par la renonciation de l'usufruitier (1).

90. On appelle *usage* un usufruit restreint, mesuré sur les besoins de l'usufruitier et de sa famille. Lorsque l'usage s'applique à une maison, il reçoit le nom d'*habitation.* Les droits d'usage et d'habitation se constituent et s'éteignent par les mêmes modes que l'usufruit (2).

§ III. *Servitudes réelles.*

91. Définition.
92. Diverses espèces de servitudes réelles.
93. Manière d'acquérir les servitudes réelles.

91. Les servitudes *réelles* sont des charges imposées sur un héritage pour l'utilité ou l'agrément d'un héritage appartenant à un autre propriétaire et dues à ce dernier comme tel (3). On les appelle encore *services fonciers,* par la raison qu'elles ne peuvent exister qu'entre deux immeubles, entre deux fonds ; on nomme fonds *dominant* l'immeuble au profit duquel la servitude est établie, et fonds *servant* celui qui la subit.

92. Le code (4) divise d'abord les servitudes en trois catégories, savoir :

---

(1) Art. 617-624, C. N., L. 23 mars 1855.

(2) Art. 625-636, C. N. ; L. 23 mars 1855.

(3) Art. 637 et 638, C. N.

(4) Art. 639, C. N. — Les art. 646 et 663 rangent parmi les servitudes de simples obligations imposées aux propriétaires de deux héritages contigus ; il y a là une confusion difficile à expliquer : ces obligations étant parfaitement réciproques, il n'y a ni fonds dominant ni fonds servant, et, dès lors, il ne peut être question d'une servitude réelle quelconque.

1º Celles qui dérivent de la situation des lieux, résultent en quelque sorte de la nature même des choses, et que la loi n'a fait que confirmer (1).

2º Celles qui ont été établies par la loi pour l'utilité publique (2) ou pour l'utilité des particuliers (3).

3º Enfin, celles établies par le fait de l'homme (4).

Les deux premières catégories de servitudes formant le droit commun de tous les immeubles placés dans certaines conditions, ne sont pas, à proprement parler, des servitudes ; ce nom ne convient véritablement qu'aux servitudes établies par la volonté de l'homme.

A d'autres points de vue, les servitudes se divisent :

1º En continues ou discontinues (5). Les premières sont celles dont l'usage est ou peut être continuel sans avoir besoin du fait actuel de l'homme : telles sont les conduites d'eau, les égouts, les vues et autres semblables. Les servitudes discontinues sont celles qui, pour être exercées, ont besoin du fait actuel de l'homme : tels sont les droits de passage, puisage, pacage et autres semblables.

---

(1) Art. 640-648, C. N.
(2) Ces servitudes appartiennent au droit administratif. — Voir ci-après, nº 99.
(3) Art. 649, 651-685, C, N.
(4) Art. 686 et suiv., C. N.
(5) Art. 688, C. N.

2º En apparentes ou non apparentes (1). Les premières sont celles qui s'annoncent par des ouvrages extérieurs, tels qu'une porte, une fenêtre, un aqueduc. Les servitudes non apparentes sont celles qui n'ont pas de signe extérieur de leur existence, comme, par exemple, la prohibition de bâtir sur un fonds, ou de bâtir au-delà d'une hauteur déterminée.

93. Les servitudes qui sont en même temps continues et apparentes, peuvent s'établir par titres, par la possession de trente ans (usucapion), par la destination du père de famille, par l'aliénation que fait le propriétaire de l'un des deux héritages, entre lesquels existe un signe apparent de servitude. Toutes les autres servitudes ne peuvent s'acquérir que par titres (2).

Les servitudes s'éteignent par le non-usage pendant trente ans, par la perte du fonds dominant ou du fonds servant, et, en général, par tout événement qui rend impossible l'exercice de la servitude, par la renonciation du propriétaire du fonds dominant, et enfin par la confusion (3).

§ IV. — *De la possession.*

94. Définition. — Effets de la possession. — Prescription acquisitive.

94. La possession est le fait de celui qui, soit

---

(1) Art. 689, C. N.
(2) Art. 690-696, C. N.; L. 24 mars 1855. — Voir le numéro suivant.
(3) Art. 703-710, C. N.

par lui-même, soit par autrui, exerce sur une chose le droit de propriété ou un des droits réels qui constituent des démembrements de la propriété (1). La possession peut être et est le plus souvent jointe au droit dont elle n'est que l'exercice; mais elle peut aussi en être séparée, ne constituer qu'un simple fait, et, dans cette dernière hypothèse, produire des conséquences, dont voici les principales :

Le simple possesseur d'une chose (mobilière ou immobilière) ne fait les fruits siens que dans le cas où il possède de bonne foi; dans le cas contraire, il est tenu de rendre les produits avec la chose au propriétaire qui la revendique (2).

De la possession annale, paisible et non précaire d'un immeuble résulte pour le possesseur le droit de se faire maintenir ou réintégrer dans sa possession. Les actions que la loi lui accorde à cet effet, comprises sous la dénomination générique *d'actions possessoires,* reçoivent, selon les circonstances dans lesquelles elles se produisent, des noms particuliers : *complainte, réintégrande, dénonciation de nouvel œuvre* (3).

Si la possession annale fait présumer au profit du possesseur l'existence d'un droit de propriété

---

(1) Art. 2228, C. N. Il ne faut pas confondre avec la possession proprement dite la *possession naturelle* ou *détention,* c'est-à-dire le fait de celui qui, de fait, tient une chose en sa puissance, sans prétendre la soumettre à l'exercice d'un droit réel.

(2) Art. 549 et 550, C. N.

(3) Art. 2228 et 2229, C. N.; art. 23, C. Pr ; L. 25 mai 1838, art. 6. 1°.

ou de servitude, la possession prolongée plus longtemps et sous certaines conditions, engendre le droit lui-même : au bout de dix, vingt ou trente ans, selon les cas, la prescription est acquise (1).

En fait de meubles, possession vaut titre ; il n'y a pas d'actions possessoires distinctes de l'action pétitoire, et la prescription est instantanée, à moins qu'il ne s'agisse de choses perdues ou volées (2).

§ V. — *Priviléges et hypothèques.*

95. Des priviléges.
96. Des hypothèques.

95. Lorsque les biens d'un débiteur doivent être vendus pour payer ses créanciers, ceux-ci viennent également sur le prix de la vente, à moins qu'il n'y ait entre eux des causes légitimes de préférence qui sont les priviléges et hypothèques (3).

Le privilége est un droit réel que la qualité de la créance donne au créancier d'être préféré aux autres créanciers, même hypothécaires.

On distingue : 1° les priviléges généraux ou spéciaux sur les meubles ; 2° ceux qui s'étendent sur les immeubles en totalité ou en partie ; 3° enfin, ceux qui atteignent à la fois les meubles et les immeubles.

---

(1) Art. 2219-2269, C. N. dans lesquels le législateur a jeté pêle-mêle des dispositions relatives à la prescription *acquisitive* et à la prescription *extinctive*.
(2) Art. 2279 et 2280, C. N.
(3) Art. 2092-2094, C. N.

En règle générale, les priviléges sur les immeubles ne se conservent que par l'inscription (1).

96. L'hypothèque est un droit réel et indivisible de sa nature qui frappe sur les *immeubles* (2) affectés à l'acquittement d'une obligation, et les suit dans quelques mains qu'ils passent.

Elle résulte, soit de la loi, soit des jugements, soit des conventions.

Quelle que soit son origine, l'hypothèque doit être inscrite.

Les priviléges et hypothèques s'éteignent : par l'extinction de l'obligation principale ; 2° par la renonciation du créancier ; 3° par l'accomplissement des formalités de la purge ; 3° enfin, par la prescription (3).

CHAPITRE DEUXIÈME
Du domaine national.

97. Objet de ce chapitre et du suivant.

97. Considérées, non plus en elles-mêmes (4), mais par rapport au droit de propriété, les choses sont ou ne sont pas susceptibles de propriété.

Les choses non susceptibles de propriété sont:

1° Les choses *communes*, c'est-à-dire celles qui ne sont à personne, mais dont l'usage est commun à tous (5).

---

(1) Art. 2095-2113, C. N. ; L. 23 mars 1855.

(2) A l'exception des navires, les meubles n'ont pas de suite par hypothèque art. 2119, C. N. ; L. 10-22 décembre 1874].

(3) Art. 2114-2203. C. N. ; L. 23 mars 1855.

(4) Voir ci-dessus, N° 82.

(5) Art. 714, C. N.

2º Les choses du *domaine public* qui se divisent en domaine public national, départemental ou communal suivant que c'est à l'Etat, aux départements ou aux communes qu'incombent la surveillance et l'entretien des choses qui en font partie, qu'appartient le droit de prélever les taxes et de percevoir les revenus auxquels elles peuvent donner lieu, et qu'elles doivent faire retour, à titre de propriété ordinaire, en cas de cessation de leur destination. Tant que dure la destination à laquelle elles sont affectées, les choses du domaine public sont hors du commerce, *inaliénables* et *imprescriptibles* (1).

Les choses susceptibles de propriété, sont :

1º Celles qui forment le *domaine privé* de l'Etat, des départements et des communes, qui appartiennent, soit à des établissements publics ou d'utilité publique, soit à des particuliers.

2º Celles qui actuellement n'appartiennent à personne, mais qui néanmoins peuvent être l'objet d'un droit de propriété(2).

Parmi toutes les choses comprises dans les quatre catégories ci-dessus, il en est sur lesquelles nous devons particulièrement insister, savoir : 1º celles du domaine public et du domaine privé de l'Etat qui font l'objet du présent chapitre ; 2º celles du domaine public et du domaine privé des

---

(1) Art. 538, 540, 1128, 1598, 2226, C. N.

(2) Art. 539, 713, 715-717, C. N. — C'est par l'occupation que l'on devient propriétaire de ces choses. — Voir ci-dessus Nº 87 et ci-après, Nº 101.

départements et des communes dont nous traite-rons dans le chapitre suivant (1).

§ I. — *Du domaine public national.*

98. Composition du domaine public national.
99. De quelques servitudes d'utilite publique.

98. Le domaine public national comprend :

1º Les routes nationales et les rues des villes, bourgs ou villages qui leur font suite, les rivières navigables ou flottables (2); les canaux de navigation (3), les ponts établis sur les fleuves, canaux de navigation, rivières navigables ou flottables (à l'exception de ceux situés sur le parcours des voies appartenant au domaine public départemental ou communal) (4), les chemins de fer (5). C'est au ministre des travaux publics et, sous ses ordres, à l'administration des ponts et chaussées et des chemins de fer, qu'est confiée la conservation de cette partie du domaine public.

2º Les rivages de la mer, les ports, les hâvres, les rades (6) qui constituent le *domaine public maritime*

---

(1) Quant aux choses comprises dans le patrimoine des établissements publics ou d'utilité publique, la spécialité de notre travail nous dispense d'en parler ; du reste, ces établissements possèdent dans les mêmes conditions que les particuliers.

(2) Art. 538, C. N.

(3) Art 538, *in fine*, C. N.; L. 29 floréal an X.

(4) Art. 538, *in fine*, C. N.; L. 14 floréal an X, art. 11.

(5) Art. 538, *in fine*, C. N.; L. 15 février 1845, art. 1er. — Les compagnies sont propriétaires que du matériel roulant et des objets mobiliers, mais non du sol, des terrassements et travaux d'art, des immeubles et objets immobiliers (gares et stations, ateliers, rails, aiguilles, machines fixes, etc.) dont elles ont seulement la jouissance à charge de les entretenir et réparer.

(6) Art. 538, C. N. — Malgré le texte de l'art. 538, les lais et relais de la mer dont l'aliénabilité a été formellement consacrée par l'art. 41 de la loi du 16 septembre 1807, ne font pas partie du domaine public, mais bien du domaine de l'*Etat.*

dont l'administration est aujourd'hui partagée entre le ministre des travaux publics et le ministre de la marine.

3° Enfin, les portes, murs, fossés, remparts des places de guerre et des forteresses qui forment ce qu'on appelle le *domaine public militaire* dont l'administration est confiée au ministre de la guerre et, sous ses ordres, au service du génie militaire (1).

99. La proximité du domaine public impose aux propriétés voisines des servitudes dont plusieurs, par exception au droit commun, consistent non à souffrir ou à ne pas faire, mais à faire (2). Ces servitudes consacrées par le Code Napoléon lui-même qui les appelle *servitudes d'utilité publique,* et renvoie pour ce qui les concerne à des lois ou réglements particuliers (3), sont très nombreuses ; nous ne citerons que celles qui intéressent plus ou moins directement la défense nationale, savoir :

1° Les servitudes *militaires* ou *défensives*. Aux fortifications se rattachent à l'intérieur la servitude de la rue militaire ou du rempart, et à l'extérieur trois zônes de servitudes dont l'étendue est déterminée par la série (première ou deuxième)

---

(1) Art. 540, C. N. — Le laconisme de cet article ne doit pas empêcher de comprendre dans le domaine public militaire tout ce qui se rattache directement au système des fortifications, suivant l'énumération de l'art. 13, tit. 1er de la loi des 8-10 juillet 1791.

(2) Ex : l'administration peut exiger que les riverains des grandes routes plantent des arbres sur leur propre fonds [D. 16 décembre 1811, art. 88-98].

(3) art. 650, C. N. — Voir ci-dessus, n° 92.

dans laquelle chaque place de guerre est classée (1).

2° Les servitudes analogues établies dans la *zône frontière* qui s'étend depuis la ligne séparative des états voisins, ou depuis la mer jusqu'à la limite intérieure tracée par la loi ou par des règlements d'administration publique faits en vertu de la loi (2).

3° Les servitudes établies autour des magasins à poudre de la guerre et de la marine (3).

4° Enfin, les servitudes d'extraction de matériaux et d'occupation de terrains imposées aux propriétés voisines des travaux publics dans le but de rendre plus facile et plus économique l'exécution de ces travaux (4).

§ II. — *Du domaine de l'Etat.*

100. Composition du domaine de l'Etat.
101. Modes d'acquisition et d'aliénation.
102. Gestion du domaine de l'Etat.
103. Immeubles affectés aux services de la guerre.
104. Meubles affectés aux mêmes services. — Comptabilité matières.
105. Matériel de l'artillerie et des équipages militaires.

---

(1) L. 10 juillet 1851 ; D. 10 août 1853. — Autour de Paris il n'y a qu'une zône de servitudes. L. 3 avril 1841, art. 7. — Une commission est actuellement chargée d'étudier les modifications à introduire dans notre législation sur les servitudes militaires [voir le *Journal officiel* du 16 juillet 1874, p. 4945].

(2) L. 7 avril 1851 ; D. 16 août 1853, 15 mars 1862 et 3 mars 1874. — Le ministre de la guerre intervient, même en dehors de la zône frontière, dans les questions de création de chemins de fer [D. 16 avril 1874].

(3) L. 22 juin 1854.

(4) Art. 650, C. N.; arrêts du conseil 22 juin 1706 et 7 septembre 1755 ; 20 mars 1780 ; L. 28 pluviôse an VIII, art. 4, § 4 ; L. 16 septembre 1807, art. 55 ; D. 10 août 1853, art. 35 et suiv.; D. 8 février 1868.

106. **Matériel du génie.**
107. **Matériel de la remonte.**
108. **Matériel de l'habillement, du campement, etc.**
109. **Matériel des subsistances.**
110. **Matériel des hôpitaux.**
111. **Matériel des écoles militaires.**
112. **Matériel de l'administration centrale, du dépôt de la guerre, etc.**

100. Le domaine *privé* de l'Etat, *aliénable* et *prescriptible* (1), est composé de biens de même nature que ceux qui constituent le patrimoine des particuliers.

La partie immobilière de ce domaine comprend les lais et relais de la mer (2), des bois et forêts, des fonds de terre, des palais, hôtels et autres édifices, qu'ils soient ou non affectés à un service public.

La partie mobilière du même domaine comprend le mobilier et le matériel, les papiers et registres des administrations, établissements et services entretenus par l'Etat, les navires de l'Etat, les armes, effets d'habillement, matières premières ou fabriquées, déposés dans les arsenaux ou magasins, ou en service dans les armées de terre et de mer; des objets mobiliers affectés à l'usage personnel de certains fonctionnaires et employés civils ou militaires (3).

Font encore partie du domaine de l'Etat les droits réels autres que la propriété qui peuvent

---

(1) L. 22 nov.-1er déc. 1790; art. 541, *in fine* et 2227, C. N.

(2) Voir ci-dessus, p. 90, note 6.

(3) L. 6 juin 1843, 8 décembre 1848, art. 14: D. 31 mai 1862, art. 188, 861 et suiv.

exister au profit de l'Etat ou du domaine de l'Etat, ou bien grever diverses parties de ce domaine. C'est ainsi que l'Etat est usufruitier des logements et établissements militaires qui, en 1810, ont été donnés aux villes où ils sont situés, mais seulement en nue propriété, et en supporte les charges moyennant un prélèvement sur l'octroi (1).

Des actions possessoires peuvent être intentées soit par l'Etat, soit contre lui; elles sont soumises au droit commun (2).

L'Etat jouit de nombreux priviléges, notamment sur les biens meubles et immeubles des comptables (3), sur les biens des condamnés, pour frais de justice criminelle (4), etc.

Enfin l'Etat jouit d'une hypothèque légale sur les immeubles acquis à titre gratuit par les comptables depuis leur nomination (5). Tout marché administratif emporte hypothèque sur les immeubles des fournisseurs et de leurs cautions, à compter du jour où les ministres ont approuvé les marchés (6).

---

(1) D. 23 avril 1810, L. 15 mai 1818, art. 46; O. 5 août 1818, art. 13.

(2) Voir ci-dessus N° 94 et ci-après N° 192. — Il n'est ici question que du domaine *de l'Etat*; quant au domaine public, l'autorité administrative étant investie du droit de *reconnaître* et *délimiter* ce domaine, et, d'un autre côté, toute atteinte portée an domaine public constituant une contravention passible d'une amende, il est rare qu'il donne lieu à des actions possessoires.

(3) Art. 2098, C. N.; L. 5 septembre 1807.

(4) L. 5 septembre 1807, art. 2. — Diverses lois spéciales auxquelles renvoie l'art. 2098, C. N., accordant à l'Etat, pour le recouvrement de l'impôt, un privilége sur les biens des contribuables.

(5) Art. 2121, C. N.; L. 5 septembre 1807.

(6) L. 4 mars 1793, art. 3.

101. En règle générale, l'Etat acquiert et aliène par les modes de droit commun (soumis dans ce cas à quelques règles spéciales), c'est-à-dire par occupation (1), accession, tradition (2), succession (3), donation entre-vifs ou testamentaire (4), prescription (5) et par l'effet des obligations (6).

Mais il existe en outre, au profit de l'Etat, des modes d'acquisition à lui propres (7), parmi lesquels figure en première ligne l'expropriation pour cause d'utilité publique, qui consiste dans la prise de possession, moyennant indemnité préalable, d'un immeuble qui est attribué au domaine national, pour l'exécution de travaux d'utilité publique. La loi détermine avec beaucoup de détails la manière de procéder, soit dans les cas ordinaires, soit dans les cas d'urgence (8). L'expropriation des terrains nécessaires aux travaux

---

(1) Par une application toute spéciale du droit d'occupation, l'Etat acquiert tous immeubles sans maître [art. 539 et 713, C. N.] ; les îles, etc., qui se forment dans le lit des fleuves ou des rivières navigables ou flottables [art. 560, C. N.] ; une partie des épaves de mer [O. 1681] ; toutes les épaves des fleuves et certaines épaves de terre [D. 13 août 1810 ; O. 9 juin 1831, O. 30 janvier 1833]. — Voir l'art. 717, C. N.

(2) Voir ci-après, Nos 130 et 150.

(3) Art. 768 et suiv., C. N.

(4) Par analogie des dispositions des art. 910 et 937, C. N. et O. 2 avril 1817, l'acceptation des dons et legs faits à l'Etat, doit, dans l'intérêt des familles comme dans celui de l'Etat, être autorisée par décret rendu en conseil d'Etat.

(5) Art. 2227, C. N. — Voir aussi l'art 541, C. N. *in fine*.

(6) Voir ci-après, N° 149 et suiv.

(7) L'acquisition par droit de conquête ou d'annexion, et le droit de prises maritimes appartiennent au droit international, c'est pourquoi nous n'en parlons pas ici.

(8) Art. 545, C. N.; L. 3 mai 1841.

de la guerre et de la marine est soumise à des règles spéciales (1).

Appliquée aux meubles, l'expropriation pour cause d'utilité publique prend le nom de *réquisition*. On y a recours dans des cas urgents et dans des circonstances extraordinaires, à défaut de service régulièrement établi, pour obtenir les objets en nature nécessaires aux besoins des troupes et à la défense de l'Etat (2).

L'Etat acquiert encore par voie de confiscation (3).

Enfin, le domaine de l'Etat acquiert de plein droit les biens du domaine public qui cessent d'en faire partie, soit par un acte de déclassement dans les cas où la loi l'exige (4), soit, dans tout autre cas, par changement de nature ou de destination (5).

102. La régie des biens du domaine de l'Etat non affectés à un service public est confiée, sous l'autorité du ministre des finances, à la Direction

---

(1) L. 30 mars 1831 ; L. 3 mai 1841, art. 75 et suiv.

(2) Voir en ce qui concerne les réquisitions de vivres, fourrages et autres objets L. 19 brumaire an III; 3 pluviôse et 26 ventôse an III; D. 3 août 1808 et art. 484, C. P.; en ce qui concerne spécialement les réquisitions de chevaux, mulets et voitures. L. 24 juillet 1873, art. 5 et 25 ; 1er août 1874 ; D. 23 octobre et 23 novembre 1874.

(3) Art. 11 et 470, C. P.

(4) C'est ce qui a lieu pour les fortifications et leurs dépendances [L. 8-10 juillet, 1791, tit. IV, art. 2 ; art. 541, C. N].

(5) C'est ce qui arrive pour les portions de route abandonnées par suite du redressement de la voie publique [L. 24 mai 1842, art. 1-3].

générale de l'enregistrement et des domaines (1).
Il n'y a d'exception que pour les forêts domaniales
dont la régie appartient à l'administration des
forêts qui, elle aussi, relève du ministre des finances (2).

Quant aux immeubles (3) et meubles affectés à
des services publics, ils sont administrés par les
ministres dans le département desquels ces services sont compris. Ceux-ci dressent chaque
année les comptes généraux des matières de leur
département. Ces comptes sont imprimés et soumis au pouvoir législatif, après avoir été examinés
par la commission instituée annuellement et avoir
été l'objet des déclarations de conformité à prononcer par la cour des comptes (4).

103. La spécialité de ce travail exige qu'après
avoir indiqué d'une manière générale la composition et les règles relatives à l'acquisition, l'aliénation et la gestion du domaine de l'Etat, nous
insistions particulièrement sur les dépendances
de ce domaine affectées aux divers services de la
guerre. Commençons par les immeubles.

La partie immobilière du domaine de l'Etat
affectée au département de la guerre comprend
des casernes, bâtiments et magasins, des hôtels

---

(1) L. 23-28 octobre — 5 novembre 1790 ;L. 19 août — 12 septembre 1791 ; L.
29-30 décembre 1873, art. 22-24.

(2) L. 21 mai 1827 [Code forestier]; L. 18 juin 1859 ; D. 10 octobre 1874.

(3) O. 14 juin 1833 ; L. 29-30 décembre 1873, art. 22-24.

(4) L. 6 juin 1843 ; D. 31 mai 1862, art. 861 et suiv. — En ce qui concerne
les objets mobiliers affectés à l'usage personnel de certains fonctionnaires, voir L.
8 décembre 1848, art. 14 et D. 31 mai 1862, art. 188.

pour le logement des officiers généraux ou autres,
etc. Tous ces immeubles, à l'exception de ceux
qui dépendent du service particulier de l'artillerie,
forment ce qu'on appelle le *casernement* (1) et
sont administrés par le service du génie militaire,
qui, nous l'avons déjà vu, est en outre chargé du
domaine public militaire (2).

104. L'immense matériel affecté au département
de la guerre (3) se trouve, soit entre les mains des
troupes, soit dans de nombreux établissements,
magasins, dépôts placés sous l'autorité et la direction du ministre ou des généraux commandant
les corps d'armée suivant qu'ils sont destinés à
assurer la défense générale du territoire, à pourvoir aux besoins généraux des armées, ou qu'ils
sont exclusivement affectés à une région ou sub-
divion de région (4). Les mêmes principes fonda-
mentaux dominent l'administration (5) de tout ce
matériel soumis d'ailleurs à des règles uniformes
de comptabilité (6).

Ces règles générales étant connues, il faut
ensuite pénétrer dans chacun des services du

---

(1) R. M^{el} du 30 juin 1856 ; A. m^{el} 12 novembre 1873.

(2) Voir ci-dessus, n°s 98 et 99.

(3) Cette fraction de la fortune publique ne pourvoit qu'à une partie des besoins
auxquels l'administration militaire doit faire face ; pour le surplus, le département
de la guerre s'adresse, soit à des services placés dans les attributions des ministres
de l'intérieur et de la marine, soit à des établissements publics ou d'utilité publique,
soit enfin à des particuliers. Voir ci-après, n°s 153 et 160.

(4) L. 24 juillet 1873, art. 3, 4, 9 et 14.

(5) Voir ci-dessus, n° 64 et les notes.

(6) D. 19 novembre 1871 et 7 avril 1874. Voir ci-dessus, n° 102.

matériel de la guerre pour étudier les règles spéciales d'organisation et d'administration propres aux divers établissements qui en dépendent, se rendre compte de leur mouvement intérieur, constater la nature et l'importance des valeurs mobilières qu'ils renferment. Tel est l'objet des indications sommaires données dans les huit numéros suivants dont chacun correspond à un des huit groupes entre lesquels semblent se diviser tout naturellement les éléments de la fortune publique confiés au ministre de la guerre.

105. Le matériel d'artillerie se trouve :

1° Dans des établissements spécialement affectés à la construction, l'entretien et la réparation de ce matériel, savoir :

Le dépot central avec ses dépendances (musée, etc. (1) ;

Les écoles d'artillerie (2) ;

L'école de pyrotechnie (3);

Les directions, arsenaux et parcs (4);

Les manufactures d'armes (5) ;

La fonderie de Bourges (6) ;

---

(1) D. 8 juillet 1872.

(2) R. 29 mai 1835 ; D. 3 novembre 1862 ; 5 mars 1870 ; 16 avril 1870 ; 4 décembre 1873,

(3) D. 16 avril 1870.

(4) R. 25 mai 1840 ; D. 15 janvier 1852 et 4 décembre 1873 ; L. 24 juillet 1873, art. 9, *in fine*.

(5) R. 10 décembre 1844 ; Décision ministérielle 5 mai 1873.

(6) R. 10 novembre 1838.

Les sous-inspections des forges (1) ;

L'atelier de constructions pour l'artillerie à Tarbes (2) ;

Les poudreries (3) ;

2° En service dans les corps de troupe de toutes armes (4) ou à la disposition de commissions d'exriences ;

3° Entre les mains des douaniers, agents des forêts et pompiers (5).

Au matériel de l'artillerie se rattache celui des équipages militaires (6) fabriqué, conservé et entretenu dans les parcs de construction et ateliers de réparation (7), ou mis en service dans les régiments du train des équipages et les autres corps de troupe (8).

106. Le matériel du génie se trouve :

1° Au dépôt des fortifications (9), dont la galerie des plans en relief (10), la brigade topographique (11) et le service des parcs du génie (12) ne sont que des annexes ;

---

(1) R. 11 juin 1841, Décision ministérielle 24 septembre 1873.

(2) Décision ministérielle 20 août 1872.

(3) D. 13 novembre 1873.

(4) R. 1er mars 1854 ; 20 janvier 1857, 13 juin 1859 ; instruction 15 mars 1872, § 6 ; Tarif 4 octobre 1873 ; arrêté ministériel 15 février 1874.

(5) L. 13 juin 1851, art. 58 ; D. 1er mai 1873.

(6) Arrêté ministériel 19 juillet 1871 ; D. 1er mai 1873.

(7) R. 12 février 1827.

(8) Décision ministérielle 27 septembre 1871 ; D. 1er mai 1873.

(9) L. 10 juillet 1791 ; O. 27 août 1830.

(10) Voir la note précédente.

(11) D. 21 mars 1813 ; Décision ministérielle 23 janvier 1854.

(12) Arrêté ministériel 6 novembre 1871 ; 28 avril 1873.

2º Dans les écoles régimentaires de l'arme (1) ;

3º Dans les magasins des places (2) ;

4º En service dans les corps de troupe (outils portatifs, etc. etc., dans les corps de troupe de toutes armes ; harnachement en service dans les troupes du génie) (3).

107. Le matériel de la remonte se trouve :

1º Dans les dépôts de remonte de l'intérieur (4) et dans les établissements hippiques (dépôts de remonte et dépôts d'étalons) de l'Algérie (5) ;

2º En service dans les corps de troupe et autres établissements (6) ;

3º En dépôt chez les cultivateurs (7).

108. Le matériel de l'habillement et du campement, du harnachement et du ferrage des chevaux de la *cavalerie* (8) est confectionné, entretenu et conservé :

1º Dans les docks de l'administration (9) ;

2º Dans les magasins centraux (10) ;

---

[1] R. 14 juillet 1836 et 30 juin 1856, *passim*.

[2] R. 7 juillet 1835 ; D. 22 décembre 1873.

[3] R. 30 juin 1856, *passim* ; Instruction ministérielle 15 mars 1872, § 6.

[4] R. 23 mars 1837 ; circulaire 2 août 1852 ; L. 29 mai 1874.

[5] R. 22 mars 1852.

[6] O. 2 nov. 1833 (cavalerie) ; R. 23 mars 1837, art. 37-51 ; Instruction 15 mars 1872, § 6.

[7] Instructions ministérielles 3 juillet 1867 ; 4 juillet et 30 décembre 1871.

[8] Le harnachement des chevaux de l'artillerie et du génie est rattaché au matériel de chacun de ces services.

(9) Les docks renferment du matériel de ce groupe et des deux suivants.

(10) R. 11 juin 1811.

3° Dans les corps de troupe ou établissements considérés comme tels (1) ;

4° A l'atelier d'arçonnerie de Saumur (2).

109. Le matériel des subsistances militaires (vivres, fourrages, chauffage et éclairage) se trouve :

1° Dans les docks de l'administration ;

2° Dans les manutentions, usines, magasins affectés à chaque branche de ce service (3) ;

3° Entre les mains des entrepreneurs (4).

110. Le matériel des hôpitaux et de l'hôtel des invalides est conservé, entretenu et transformé dans les établissements ci-après :

1° Docks de l'administration ;

2° Magasin central et pharmacie centrale des hôpitaux à Paris ; magasins de réserve de matériel et de réserve de médicaments à Marseille (5) ;

3° Hôpitaux et ambulances (6) ;

4° Infirmeries des corps de troupe (7) ;

5° A l'hôtel des invalides (8).

---

(1) O. 10 mai 1844, tit. XII.

(2) Cet atelier est annexé à l'école de cavalerie de Saumur ; Voir ci-après, n° 111.

(3) R. 26 mai 1866.

(4) Ex : Cahier des charges du 25 octobre 1871 (fourniture du pain de troupe), art. 4 et 17.

(5) R. 31 août 1865, art 852 et 853.

(6) R. 31 août 1865 et 4 avril 1867 ; L. 12-16 juillet 1873.

(7) O. 2 novembre 1833, art. 57 [infanterie] et art. 71 [cavalerie]. — Voir l'instruction ministérielle 15 mars 1872, § 7.

(8) D. 29 juin 1863 ; Instruction ministérielle 8 octobre 1866.

111. Le matériel des écoles militaires est affecté aux établissements ci-après :

Ecole polytechnique (1) ;

Ecole spéciale militaire (2) ;

Prytanée militaire (3) ;

Ecole de cavalerie (4) ;

Ecole d'application de l'artillerie et du génie (5) ;

Ecole d'application d'état-major (6) ;

Ecole d'application de la médecine et de la pharmacie militaires (7) ;

Ecole normale de gymnastique (8) ;

Ecoles régionales de tir (9) ;

Corps de troupe (gymnases régimentaires (10) ; écoles régimentaires de tir (11), de natation (12),

---

(1) D. 15 avril 1873.

(2) D. 8 juin 1861 ; 8 janvier 1873 ; 8 mai 1873.

(3) D. 8 novembre 1859.

(4) D. 17 octobre 1853 ; 20 mai 1860 ; 8 juin 1861 ; 8 mai 1873.

(5) D. 14 avril 1867.

(6) O. 6 mai 1818 ; R. 8 juin 1827.

(7) D. 13 novembre 1852 ; Décisions présidentielles 5 octobre 1872 et 27 octobre 1873. — L'armée ne possède pas d'école spéciale pour l'enseignement de la médecine vétérinaire ; mais soixante élèves militaires sont entretenus à l'école d'Alfort [D. 18 février 1874].

(8) Circulaire ministérielle 11 janvier 1853 ; Décision présidentielle 12 janvier 1875.

(9) Notes ministérielles 29 septembre et 2 novembre 1874.

(10) O. 2 novembre 1833 art. 234 [infanterie] et 301 [cavalerie] ; Décision présidentielle 19 novembre 1871.

(11) Instructions ministérielles 16 mars 1869; 16 novembre 1872; 16 mars 1873, etc. etc.

(12) O. 2 novembre 1833, art. 235 [infanterie] et 302 [cavalerie].

écoles du premier et du deuxième degré (1), salles d'escrime (2), etc. etc.

Ecoles de sous-officiers (3).

112. Enfin, un huitième et dernier groupe comprend le matériel de l'administration centrale (4), du dépot de la guerre (5), de l'état-major général (mobilier) (6), de la justice militaire (7) et des lits militaires (8).

CHAPITRE TROISIÈME.

Du domaine public et du domaine privé des départements et des communes.

---

113. Du domaine public et du domaine privé des départements.

114. Du domaine public et du domaine privé des communes.

113. Les principaux éléments du domaine public départemental sont les routes départementales et des chemins de fer d'intérêt local (9).

---

(1) L. 27 juillet 1872, art. 69 ; O. 10 novembre 1830 ; O. 2 novembre 1833 ; art. 230 et suiv. [infanterie], 297 et suiv. [cavalerie] ; R. 28 décembre 1835 ; instructions ministérielles 10 février 1837 et 4 août 1838 ; Décision présidentielle 19 novembre 1871 ; etc. etc.

(2) O. 2 novembre 1833, art. 233 [infanterie] et 203 [cavalerie] ; D. 27 décembre 1869 ; Décision présidentielle 19 novembre 1871 ; R. 28 avril et 7 décembre 1872, etc. etc.

(3) D. 4 décembre 1874.

4) Instruction ministérielle 15 mars 1872.

(5) D. 19 septembre 1850.

(6) D. 2 juin 1852 ; L. 8 décembre 1848, art. 14.

7) R. 9 mars 1852 ; 30 décembre 1852 ; 23 juillet 1856 ; 20 juin 1863, art. 90, 94 et 95 ; 6 février 1865.

(8] R. 2 octobre 1865.

(9) D. 16 décembre 1811 ; L. 12 juillet 1865.

Le domaine privé du département se compose des édifices affectés à un service public, tels que préfectures, sous-préfectures, palais de justice, prisons, casernes de gendarmerie, etc. Il comprend aussi des meubles; par exemple le mobilier affecté à certains fonctionnaires ou à certaines administrations, des archives, des bibliothèques, des collections scientifiques, etc. Le département peut encore avoir des biens comme un propriétaire et jouir du fermage qu'ils rapportent; mais il est rare que les biens départementaux aient ce caractère (1).

Le Préfet agit au nom du département dans tous les actes qui concernent son domaine, en se conformant aux délibérations du conseil général et de la commission départementale ; mais il ne peut faire de son propre mouvement que des actes purement conservatoires (2).

114. Le domaine public communal comprend notamment les chemins vicinaux et ruraux, des places, rues et passages, des chemins de fer d'intérêt local (3).

Le domaine privé de la commune comprend trois espèces d'immeubles, savoir :

1° Les biens patrimoniaux dont la jouissance

---

(1) D. 9 avril 1811.

(2) L. 10-29 août 1871, art. 3, 46-55, 77, 81, 83 et 84. — Voir ci-dessus, nᵒˢ 74-76.

(3) L. 21 mai 1836; 8 juin 1864; 12 juillet 1865 ; L. 10-29 août 1871, art. 44, 46 et 86.

appartient à la commune comme corps moral et qu'elle afferme pour en tirer des revenus (1);

2° Ceux qui, tels que les paturages communs, les marais, les forêts affouagères, sont abondonnés à l'usage des habitants, *ut singuli,* d'une ou de plusieurs communes; on les appelle simplement *communaux* (2).

3° Ceux qui sont consacrés à une destination publique, tels que hôtels de ville et maisons communes (3), tribunaux de paix et de simple police (4), casernes et autres bâtiments militaires (5), halles et marchés, théâtres, abattoirs, etc.

Le domaine privé de la commune comprend aussi des meubles, tels que le mobilier des tribunaux de paix et de simple police, des archives, des bibliothèques, des collections scientifiques, etc.

Le maire veille à la conservation et pourvoit à l'administration du domaine municipal; mais, pour tous les actes qui dépassent les limites d'un fait conservatoire, il ne peut agir qu'en vertu d'une délibération du conseil municipal, approuvée par l'autorité supérieure ou au moins non annulée (6).

---

(1) L. 10 juin 1793.

(2) Art. 542, C. N.; L, 21 mai 1827 [code forestier], art. 105, § 2; L. 18 juillet 1837, art. 17, § 3; L. 28 juillet 1860.

(3) L. 16 oct. 1790-30 janv. 1791, art. 2.

(4) Même loi, art. 3.

(5) D. 23 avril 1810.

(6) Art. 537, C. N.; L. 18 juillet 1837; 24 juillet 1867. — Voir ci-dessus, n°s 78 et 79.

TROISIÈME PARTIE.

Droits personnels (obligations).

CHAPITRE PREMIER
Notions générales sur les obligations.

---

115. Les *droits personnels* ou *droits de créance* (1) consistent en un lien de droit qui met une personne déterminée *(débiteur)*, dans la nécessité de donner, de faire ou de ne pas faire quelque chose au profit d'une autre personne *(créancier)*. Ce lien spécial c'est *l'obligation* proprement dite,

---

(1) Beaucoup d'auteurs écartent comme équivoque la première de ces deux expressions, et emploient de préférence la seconde. Il est vrai que l'expression *droits personnels* sert quelquefois à désigner des rapports de puissance, et non des rapports d'obligation (Voir ci-dessus, p. 78 et la note). De plus, l'usufruit, l'usage et l'habitation qui sont des droits réels, sont aussi, à un certain point de vue, des droits personnels (Voir ci-dessus, nos 88-90). Mais, pour peu qu'on y prenne garde, il est toujours facile de reconnaître dans quel sens les mots *droits personnels* sont employés.

expression qui, d'ailleurs, s'applique aussi bien au point de vue actif qu'au point de vue passif du lien.

Voyons maintenant les principales manières de classer les obligations.

116. Les obligations sont *naturelles, civiles* ou *mixtes.*

L'obligation naturelle qu'il ne faut pas confondre avec le simple devoir enseigné par la morale (le devoir de faire l'aumône, par exemple), est celle que le droit positif n'a pas reconnue susceptible de contrainte extérieure (1), ou qu'il a frappée de réprobation (2).

L'obligation purement civile est celle qui, à défaut de tout lien naturel, naît exclusivement du droit positif (3).

L'obligation mixte résulte à la fois de la nature et du droit positif (4).

---

(1) Par exemple, l'obligation des père et mère de pourvoir à l'établissement de de leurs enfants [art. 204, C. N.] ; l'obligation résultant de certains jeux ou d'un pari [art. 1965-1967, C. N.]. Ces obligations naturelles, quoique non munies d'une action au profit du créancier, ne sont pas dénuées de tout effet juridique [art. 1235, 2º C. N.]. — Voir ci-après, nº 138.

(2) Par exemple, l'obligation de servir des intérêts dépassant le taux légal [L. 3 septembre 1807]. — Voir ci-après, nº 138.

(3) Telle est l'obligation résultant d'une présomption légale qui, en fait, se trouve contraire à la vérité, et contre laquelle aucune preuve ne peut cependant être admise [art. 1350-1352, C. N.].

(4) Malgré les termes de l'art. 349, C. N., l'obligation alimentaire dont sont tenus entre eux les enfants et leurs père et mère [art. 203, 205 et suiv. C. N.], n'est pas une simple obligation naturelle, mais bien une obligation mixte.

117. Les obligations peuvent être *condition-nelles* ou *non conditionnelles*.

La condition est tout évènement futur et incertain duquel dépend l'existence définitive ou la résolution d'une obligation (1). Les conditions se divisent en :

1° *Suspensives* ou *résolutoires*, suivant que leur accomplissement donne ou enlève à l'obligation sa force juridique (2).

2° *Casuelles, potestatives* ou *mixtes*, suivant que leur accomplissement dépend, soit du hasard, soit de la volonté de l'une des parties ou d'un tiers, soit de l'une et de l'autre de ces causes (3).

3° *Possibles* ou *impossibles*, suivant que leur réalisation est ou non physiquement ou juridiquement impossible (4).

4° *Expresses* ou *tacites*, suivant qu'elles résultent, soit d'une clause formelle du contrat ou de la disposition, soit de la volonté présumée des parties, ou du disposant.

118. Les obligations sont *avec* ou *sans terme*. L'obligation à terme est celle dont l'exécution ne peut être exigée qu'après une époque certaine ou incertaine, mais qui doit nécessairement arriver;

---

(1) Tel est le sens technique du mot *condition*, souvent employé pour désigner toutes les charges et clauses accessoires d'un contrat, et qui se nomment plus proprement *modes*.

(2) Art. 1181-1184, C. N.

(3) Art. 1169-1171, 1174, C. N.

(4) Art. 1172 et 1173, C. N.

-c est ce qui distingue le terme de la condition (1).

Le terme est de *droit* ou de *grâce*. Le terme de droit est établi par l'acte duquel l'obligation découle, ou par un acte postérieur, ou concédé par la loi. Le terme de droit est *exprès* ou *tacite* suivant qu'il est formellement stipulé, ou qu'il résulte de la nature même de l'obligation. Le terme de grâce est accordé par le juge (2).

119. Une obligation est *simple* ou *composée* suivant qu'elle a pour objet une ou plusieurs prestations.

On dit que l'obligation composée est *conjonctive*, lorsque, en vertu d'un seul et même titre, le débiteur est tenu à la fois de plusieurs prestations distinctes ; elle est *alternative*, lorsque le débiteur n'est tenu que d'accomplir l'une ou l'autre des prestations comprises dans l'obligation (3).

Il ne faut pas confondre l'obligation alternative avec l'obligation facultative qui n'a pour objet qu'une seule et même prestation, mais permet au débiteur de se libérer en remplaçant cette prestation par une autre (4).

120. Les obligations sont *solidaires* ou *non-solidaires*.

---

(1) Art. 1185-1188, C. N. — Le dicton « *Qui a terme ne doit rien* » ne signifie pas que l'obligation n'existe qu'à l'échéance du terme, mais seulement que le débiteur ne peut être poursuivi en paiement avant cette échéance.

(2) Art. 1184, 1244, 1655, 1656, 1900, C. N. ; art 122-124, C. Pr.; art. 157, C. Co.

(3) Art. 1189-1196, . N.

(4) Ex art. 891 et 1681, C. N.

L'obligation solidaire *entre créanciers* permet à chacun d'eux d'exiger du débiteur la totalité de la dette (1). La solidarité *entre débiteurs* donne au créancier le droit de contraindre chacun d'eux à payer la totalité de la créance, et, par suite, fait supporter l'insolvabilité de l'un des débiteurs par ses co-débiteurs solvables (2).

Dans les obligations non solidaires, c'est-à-dire simplement conjointes, la créance ou la dette se divise, en ce qui concerne les rapports des créanciers et des débiteurs, en autant de parts viriles qu'il y a de créanciers ou de débiteurs.

121. Les obligations sont *divisibles* ou *indivisibles*.

L'obligation divisible se divise activement et passivement en autant de créances distinctes qu'il y a de créanciers ou de débiteurs, ainsi que d'héritiers du créancier ou du débiteur. L'obligation indivisible est celle dont le paiement n'est pas susceptible d'être divisé, et, dans ce cas, chaque créancier peut demander à chaque débiteur, et, même à chaque héritier du débiteur le paiement intégral de la créance (3).

Il ne faut pas confondre les obligations indivisibles avec les obligations solidaires : une obligation solidaire peut ne pas être indivisible (4); et réciproquement (5).

---

(1) Art. 1197-1199, C. N.
(2) Art. 1200-1216, C. N.
(3) Art. 1217-1225, C. N.
(4) Art. 1219, C. N.
(5) Art. 1202, C. N.

122. Enfin, on distingue encore les obligations en *principales* et *accessoires*. De deux obligations, l'une doit être considérée comme principale, et l'autre comme accessoire, quand la première est le fondement sur lequel repose l'existence de la seconde (1). Cette distinction est importante pour la fixation de la compétence et des degrés de juridiction.

123. Toute obligation civile donne au créancier le droit de contraindre son débiteur à l'exécution de son obligation (2).

Elle lui donne en outre le droit de poursuivre en dommages-intérêts le débiteur qui n'exécute pas ses engagements ou ne les exécute que d'une manière irrégulière ou incomplète; mais ce droit ne peut être exercé contre le débiteur qu'autant qu'il se trouve en demeure *(in morâ)*, ou en faute (3). Les dommages-intérêts sont fixés par les parties (4), ou par la loi (5), ou par le juge (6).

Lorsque l'insolvabilité réelle ou supposée du

---

(1) Ex : art. 1226, 2011, 2071, C. N.

(2) Voir ci-dessus, n° 116, et ci-après, n°s 177 et suivants.

(3) L'art. 1139, C. N. indique comment le débiteur peut-être constitué en demeure. — En règle générale, la faute [*contractuelle* ou *quasi-contractuelle*] consiste à ne pas apporter les soins ordinaires d'un bon administrateur ou, pour employer l'expression consacrée, « *d'un bon père de famille* » [art. 1137, C. N.]. Dans certains cas exceptionnels, la loi impose au débiteur une responsabilité, tantôt moindre [art. 1927, C. N.], tantôt plus étendue [art. 1882, 1928 1992, C. N.]. — En ce qui concerne la faute *délictuelle* ou *quasi-délictuelle*, voir ci-après, n° 139.

(4) Art. 1152, 1226 et suivants, C. N.

(5) Ex : art. 1153, C. N.

(6 Ex : art. 1374, C. N.

débiteur se trouve constatée par son état de déconfiture ou de faillite, le créancier peut exercer tous les droits et actions de son débiteur à l'exception de ceux qui sont exclusivement attachés à la personne (1) ; ou bien, en son nom personnel, attaquer les actes faits par le débiteur en fraude de ses droits (2).

Le créancier peut encore, même lorsqu'il ne s'agit que d'une obligation à terme ou conditionnelle (3), faire des actes conservatoires qui tendent à la sûreté de sa créance (4).

124. Les obligations naissent ou du fait de l'homme ou de la loi.

Celles qui naissent du fait de l'homme, résultent ou d'un fait licite, c'est-à-dire d'un contrat ou d'un quasi-contrat, ou d'un fait illicite, c'est-à-dire d'un délit ou d'un quasi-délit (5).

Il y a donc cinq sources d'obligations que nous allons successivement étudier.

§ I. — *Des contrats.*

125. Sens du mot *contrat.*
126. Diverses espèces de contrats.

---

(1) Art. 1166, 2092 et 2225, C. N.

(2) Art. 1167, C. N.

(3) Mais, dans ce cas, le créancier doit s'en tenir à des mesures conservatoires proprement dites, à l'exclusion de celles qui, comme une saisie-arrêt, etc., constitueraient en même temps des actes de poursuite.

(4) Art. 1180, C. N.

(5) Art. 1370, C. N.

125. On appelle *convention*, l'accord de deux ou plusieurs personnes sur une même chose.

On appelle *contrat*, une convention qui engendre une obligation (1).

On appelle encore *convention*, *contrat*, l'acte écrit *(instrumentum)*, qui contient la preuve d'une convention, d'un contrat.

126. On distingue différentes espèces de contrats, savoir :

1° *Unilatéraux* et *bilatéraux* ou *synallagmatiques :* les premiers ne produisent d'obligation que d'un côté, tandis que, par les seconds, les contractants s'obligent réciproquement l'un envers l'autre. Les contrats bilatéraux se divisent eux-mêmes en *parfaits* et *imparfaits* suivant que les parties se soumettent ou non, par le fait même du contrat, et indépendamment de tout évènement ultérieur, à des engagements réciproques (2).

---

(1) Art 1101, C. N. — Un contrat est toujours une convention ; mais une convention n'est pas toujours un contrat. On voit donc que les mots convention, contrat, obligation, qui, dans la pratique, s'emploient indifféremment les uns pour les autres, ne sont pas synonymes.

(2) Art. 1102 et 1103, C. N.

2° A *titre onéreux* ou *à titre gratuit :* le contrat à titre onéreux est celui dans lequel chaque partie a en vue un avantage pécuniaire; lorsque, des deux côtés, l'avantage est certain, le contrat est *commutatif;* quand, soit des deux côtés, soit d'un seul, cet avantage est subordonné à des chances de gain ou de perte, le contrat est *aléatoire.* Le contrat est à titre gratuit, lorsqu'il assure à l'une des parties quelque avantage, indépendamment de toute prestation de sa part (1).

3° *Solennels* ou *non solennels :* les premiers n'ont d'existence légale qu'autant qu'on a observé certaines formes dont les autres sont affranchis.

4° *Principaux* ou *accessoires :* les premiers ont une existence indépendante de toute autre obligation; les seconds supposeut au contraire l'existence d'une autre obligation.

5° Enfin, *nommés* ou *innommés*, selon que la loi les désigne ou non sous une dénomination spéciale (2).

127. Il y a quatre conditions *essentielles* (3), ponr la validité d'un contrat, savoir :

1° La capacité des parties contractantes (4);

---

(1) Art. 1104-1106, C. N.

(2) Art. 1107, C. N.

(3) On distingue dans les contrats les choses qui sont *de leur essence* : sans lesquelles ils n'existeraient pas ; celles qui sont *de leur nature :* qui s'y trouvent sans qu'on en conviennne, mais qu'on pourrait en détacher, sans anéantir le contrat ; enfin, les choses *accidentelles aux contrats* : qui ne s'y trouvent qu'autant qu'on les stipule.

(4) Art. 1108, 1123-1125, C. N.

2° Leur consentement, qui doit non-seulement exister de fait, mais encore n'avoir pas été obtenu par suite d'erreur, de violence ou de dol (1);

3° Un objet certain qui forme la matière de l'engagement (2);

4° Enfin, une cause licite dans l'obligation (3).

128. Il importe de se rendre compte des effets des contrats :

1° *Entre les parties*. Les contrats légalement formés sont la loi des parties contractantes, et ne peuvent être révoqués que de leur consentement mutuel ou pour les causes que la loi autorise. Ils doivent être exécutés de bonne foi (4). Leurs effets s'étendent, activement et passivement, aux héritiers et successeurs à titre universel des parties contractantes, à moins que le contraire ne résulte d'une disposition de la loi (5), d'une clause ou de la nature même du contrat (6).

2° *A l'égard des tiers*. En général, les contrats ne nuisent point aux tiers, et ne leur profitent pas (7).

Cependant on peut se porter fort pour un tiers, en promettant le fait de celui-ci ; sauf l'indemnité

---

(1) Art. 1108, 1109-1117, C. N.

(2) Art. 1108, 1126-1130, C. N.

(3) Art. 1108, 1131-1133, C. N.

(4) Art. 1134 et 1135, C. N.

(5) Art. 1514, 1795, 1865 et 2003, C. N.

(6) Art. 1122 et 1135, C. N.

(7) Art. 1119 et 1165, C. N.

contre celui qui s'est porté fort ou a promis de faire ratifier , si le tiers refuse de tenir l'engagement (1).

On peut pareillement stipuler au profit d'un tiers, lorsque telle est la condition d'une stipulation qu'on fait pour soi-même ou d'une donation qu'on fait à autrui. Celui qui a fait cette stipulation, ne peut plus la révoquer, si le tiers a déclaré vouloir en profiter (2).

129. L'interprétation consiste dans l'explication de ce qui est obscur ou ambigu. Il n'y a lieu d'y avoir recours qu'autant que les parties contractantes ont employé des termes qui n'expriment pas clairement leur volonté, ou que le rapprochement de deux ou plusieurs clauses du contrat fait naître des doutes sur la signification ou la portée de ces différentes clauses ; autrement, on éluderait sans cesse l'intention des parties , sous prétexte de chercher à la mieux comprendre (3).

130. Après ces notions générales sur les contrats, nous devons appeler l'attention sur certains contrats spéciaux d'un usage très-fréquent, soit entre particuliers, soit dans la pratique administrative. Commençons par la vente.

La vente est un contrat par lequel l'une des parties *(le vendeur)* transfère à l'autre *(l'acheteur)*,

---

(1) Art. 1120, C. N· — Voir encore l'art. 1375, C. N.

(2) Art. 1121, C. N.

(3) Art. 1156-1164, C. N. — Voir encore ci-dessus, n° 13.

moyennant un prix que celle-ci s'engage à payer, tous les droits qu'elle a ou prétend avoir sur un certain objet (1).

La vente peut être pure et simple ou affectée de certaines modalités, comme dans les ventes à réméré (2), la vente en bloc, à la mesure, à l'essai (3), avec arrhes (4).

On distingue la vente *privée* ou de *gré à gré* dans laquelle le vendeur traite avec un acheteur de son choix, et la vente *publique* dans laquelle la chose à vendre est mise aux enchères pour être adjugée au plus offrant et dernier enchérisseur. En général, le vendeur peut choisir entre ces deux modes de vente ; mais, dans certains cas, la voie de l'adjudication publique est obligatoire (5).

Aujourd'hui, la vente a pour effet normal et ordinaire de transférer immédiatement à l'acheteur *à l'égard du vendeur,* la propriété de la chose vendue, alors même que cette chose n'est pas encore livrée ni le prix payé. Toutefois, si la vente n'a pas pour objet un corps certain et déterminé, mais des choses qui s'apprécient au compte, au poids ou à la mesure, l'acheteur n'en devient propriétaire qu'à partir du moment ou ces choses lui sont comptées, pesées ou mesurées. — A l'*égard*

---

(1) Art. 1582, 1689 et suiv. C. N.

(2 Art. 1659-1673, C. N.

(3) Art. 1585-1588, C. N.

(4) Art. 1590, C. N.

(5) Ex : art. 459, C. N. — Voir art. 953-965, C. Pr.

des tiers, s'il s'agit de meubles, l'acheteur n'en devient propriétaire que par la tradition ; et, s'il s'agit d'immeubles, par la transcription de l'acte de vente sur un registre tenu par le conservateur des hypothèques (1).

Les obligations du vendeur consistent : 1° à délivrer la chose vendue, c'est-à-dire à la remettre entre les mains de l'acheteur de manière qu'il puisse en jouir et en disposer à son gré (2) ; 2° à garantir l'acheteur de l'éviction (3) et des vices cachés (4).

De son côté, l'acheteur est tenu : 1° de prendre livraison de la chose vendue, et de l'enlever s'il y a lieu, au terme fixé par le contrat ou les usages locaux (5), et, à défaut d'un terme convenu ou réglé par l'usage, immédiatement après la vente ; 2° de payer le prix de vente, au lieu et à l'époque fixés par le contrat, et, à défaut de stipulation, au lieu et au moment où doit s'effectuer la délivrance (6). Si la vente a été faite à crédit, ou si

---

(1) Art. 1583, 1585-1588, C. N. — L. 23 mars 1855. — En ce qui concerne les navires, le registre matricule des francisations est devenu un véritable registre de transcription [Voir L. 27 Vendémiaire an II, art. 17].

(2) Art. 1604 et suiv. C. N.

(3) Art. 1626 et suiv. C. N.

(4) Art. 1641 et suiv. C. N. — Les dispositions du Code Napoléon sur cette matière ont été, sous plusieurs rapports, modifiées par la loi du 20 mai 1838, concernant les vices rédhibitoires dans les ventes et échanges d'animaux domestiques.

(5) Art. 1135, C. N.

(6) Art. 1650, 1651, C. N.

l'usage accorde un terme pour le paiement, le prix est payable au domicile de l'acheteur (1).

131. L'échange est un contrat par lequel les parties se donnent réciproquement une chose pour une autre. A quelques exceptions près, l'échange est soumis aux mêmes règles que la vente qui n'est que la simplification et le perfectionnement de l'échange (2).

132. Le louage est un contrat par lequel l'une des parties s'oblige, moyennant un prix que l'autre s'engage à payer, soit à procurer à celle-ci, pendant un certain temps, l'usage ou la jouissance d'une chose *(locatio rerum)*, soit à lui fournir temporairement ses services *(locatio operarum)*, soit à exécuter pour son compte un ouvrage déterminé *(locatio operis faciendi)*. Le code Napoléon confond ces deux dernières espèces de louage sous la dénomination commune de louage d'ouvrage et d'industrie (3).

Le louage des choses reçoit différents noms, selon les objets auxquels il s'applique, savoir :

1° *Bail à loyer*, qui comprend le louage des maisons et celui des meubles ;

---

(1) Art. 1247, 2° C. N. — Nous avons laissé de côté ce qui concerne la vente des droits et actions, c'est-à-dire des choses incorporelles, qui est en général soumise aux mêmes principes que celle des choses corporelles ; cependant le code [art. 1689-1701] pose quelques règles spéciales 1° pour la vente des créances ; 2° pour celle d'une hérédité ; 3° pour celle des droits litigieux.

(2) Art. 1702-1707, C. N.

(3) Art. 1708-1711 et 1779, C. N.

2° *Bail à ferme*, qui embrasse le bail à ferme proprement dit et le colonat partiaire.

Le bail à loyer et le bail à ferme sont soumis à des règles communes et à des règles spéciales à chacun d'eux (1).

Parmi les variétés du louage d'ouvrage et d'industrie, nous remarquerons :

1° Le louage des gens de travail (domestiques et ouvriers) qui s'engagent au service de quelqu'un (2) ;

2° Celui des voituriers *(lato sensu)* par terre et par eau (3), et celui des navires appelé *charte-partie* ou *affrétement* dans l'Océan, et *nolissement* dans la Méditerranée (4) ;

3° Celui des entrepreneurs d'ouvrage par suite de devis ou marchés (5).

---

(1) Art. 1714-1778, C. N. — Les dispositions relatives à la vente peuvent, à raison de l'affinité qui existe entre ce contrat et le louage des choses, servir à interpréter et à compléter les règles que la loi a tracées pour ce dernier contrat. — L. 23 mars 1855.

(2) Art. 1780, C. N.

(3) Art. 1782-1786, C. N. ; art. 96-108 et 632, C. Co.

(4) Art. 273 et suiv., 632 et 633, C. Co. — Le contrat de charte-partie comprend virtuellement : 1° un contrat de louage ; 2° un contrat de mandat ; 3° un contrat de dépôt. Pour déterminer les effets du contrat de charte-partie, il faut donc se reporter aux principes de ces divers contrats, et les combiner entre eux.

(5) Art. 1787-1799, C. N. — Dans le langage ordinaire, le mot *marché* s'applique à n'importe quel contrat. En termes d'administration, il sert à désigner des contrats passés pour l'exécution des services publics (Voir ci-après, nᵒˢ 150 et 153). Dans les articles 1711, 1779, 3°, 1794, etc., le même mot est pris dans une acception encore plus restreinte et ne s'entend que du louage de travaux conclu à *prix fait*, à *forfait*, ce qui le distingue du louage de services dans lequel l'ouvrier se loue à tant par jour, par mois ou par an. On appelle *devis* l'indication des travaux à faire, des matériaux à y employer, du prix de ces matériaux et de la main d'œuvre. Le devis qui d'ailleurs n'existe pas toujours, n'est que le préliminaire du contrat de louage, et qu'il y ait ou non devis, c'est toujours le marché qui constitue le contrat.

133. On distingue deux sortes de prêts, savoir :

1° Le *prêt à usage* ou *commodat* par lequel une partie livre une chose à l'autre, afin que celle-ci s'en serve gratuitement et la restitue identiquement après en avoir fait l'usage convenu (1).

2° Le *prêt de consommation* ou *mutuum* (2) par lequel une partie transfère à l'autre la propriété d'une certaine quantité de choses, à la charge par celle-ci d'en rendre autant de même nature et qualité. Le prêt de consommation est *gratuit* (3) ou *à intérêt* (4). — Le prêt à intérêt prend le nom de *constitution de rente*, lorsque le prêteur s'interdit la faculté d'exiger le capital prêté (5).

134. Le mandat est un contrat par lequel l'une des parties donne à l'autre qui l'accepte, le pouvoir de la représenter à l'effet de faire un acte juridique ou une série d'actes de cette nature.

On distingue plusieurs espèces de mandataires, notamment :

1° Le mandataire du droit civil, chargé d'agir pour le mandant et *en son nom*, et dont l'office est purement *gratuit* s'il n'y a convention contraire (6).

---

(1) Art. 1874-1891, C. N.

(2) Art. 1874 et 1892 , C. N. — Dans l'art. 1892, comme dans l'art. 1894, les rédacteurs du Code ont employé des expressions inexactes. (Voir ci-dessus, p. 77, note 2).

(3) Art. 1892-1904, C. N. — Voir la note précédente.

(4) Art. 1905-1908, C. N.

(5) Art. 1909-1913, C. N.

6) Art. 1984-2010, C. N.

2º Le mandataire du droit commercial ou *commissionnaire* qui agit *en son propre nom* ou sous un nom social pour le compte du commettant, et a droit, sans qu'il soit nécessaire de la stipuler, à *une rétribution* dont le taux varie suivant l'usage des lieux (1).

3º *Le courtier*, à la fois officier public et commerçant, dont le caractère spécial et distinctif consiste à préparer les négociations, à s'entremettre entre les parties, mais toujours en restant personnellement étranger au contrat qui se forme par son entremise (2).

135. Les contrats de garantie sont :

1º Le *cautionnement*, contrat par lequel l'une des parties prend l'engagement personnel d'accomplir au profit de l'autre une prestation qu'un tiers doit à celle-ci, dans le cas où le tiers n'acquitterait pas lui-même sa dette (3).

2º Le *nantissement*, contrat par lequel le débiteur ou un tiers remet au créancier une chose pour sûreté de sa dette. Le nantissement d'un objet mobilier s'appelle plus spécialement *gage ;* celui d'un objet immobilier s'appelle *antichrèse* (4).

L'*hypothèque conventionnelle.* A moins qu'il ne résulte du contrat de gage, le privilége n'a qu'une source : la loi ; mais l'hypothèque dérive de trois

____

(1) Art. 94-102 et 632, C. Co.
(2) Art. 73-90 et 632, C. Co.
(3) Art. 2011-2043, C. N.
(4) Art. 2071-2091, C. N.

sources distinctes : la loi, les jugements et les contrats (1).

§ II. — *Des quasi-contrats.*

136. Notion du quasi-contrat.
137. Gestion d'affaires.
138. Réception de l'indû.

136. Les quasi-contrats sont les faits (licites) purement volontaires de l'homme, dont il résulte un engagement quelconque envers un tiers, et quelquefois un engagement réciproque des deux parties (2).

Cette définition ne convient bien qu'à deux quasi-contrats : la gestion d'affaires et la réception de l'indu (3).

137. On appelle gestion d'affaires le fait par lequel une personne s'immisce volontairement dans les affaires d'une autre, qui ne lui a pas donné de mandat.

Par ce fait, le gérant contracte l'obligation de continuer la gestion qu'il a commencée, jusqu'à ce que le propriétaire soit en état d'y pourvoir lui-

---

(1) Voir ci-dessus, Nos 95 et 96.

(2) Art. 1371, C. N.

(3) « Cela est si vrai que, dans l'article 1370, les rédacteurs du Code se sont
« vus forcés, par leur mauvaise définition, d'admettre une cinquième classe d'obli-
« gations, celles qui *résultent de l'autorité seule de la loi;* comme si ces obli-
« gations n'étaient pas précisément celles que les jurisconsultes de tous les temps
« et de tous les pays ont considérées comme naissant *quasi ex contractu.* D'ailleurs
« la loi n'est-elle pas toujours la source médiate ou immédiate des obligations ? »
(Bonjean, *Traité des actions,* t. II, p. 211).

même, d'apporter à l'affaire les soins d'un bon père de famille et de rendre compte de sa gestion (1).

De son côté, le maître dont l'affaire a été bien administrée (2), doit remplir les engagements que le gérant a contractés en son nom, l'indemniser de tous les engagements personnels qu'il a pris, et lui rembourser toutes les dépenses utiles ou nécessaires qu'il a faites (3).

138. Celui qui reçoit par erreur ou sciemment ce qui ne lui est pas dû, s'oblige à le restituer à la personne qui a payé en se croyant débitrice. Il n'est tenu de restituer les fruits de la chose que si cette chose a été reçue par lui de mauvaise foi, Dans tous les cas, il a droit au remboursement de ses dépenses nécessaires et utiles (4).

Celui qui paie ce qu'il sait ne pas devoir, n'a pas, en général, l'action en répétition de l'indu. Cependant les paiements effectués sans cause, ou en vue d'une cause contraire aux lois ou aux bonnes mœurs, donnent, en principe, lieu à une action en répétition, sans qu'il y ait à distinguer s'ils ont été faits ou non par suite d'erreur (5),

---

(1) Art. 1372-1374, C. N.

(2) Pour savoir si l'affaire du maître a été bien administrée, il faut se reporter à l'époque à laquelle la gestion a été entreprise, et faire abstraction des circonstances imprévues par suite desquelles l'avantage qui devait résulter de la gestion, ne s'est pas réalisé ou a cessé.

(3) Art. 1375, C. N.

(4) Art. 1235, 1376-1381, C. N.

(5) Art. 1131, 1133 et 1235, C. N. — Toutefois, l'action en répétition ne serait pas admise si la cause était à la fois illicite ou immorale à l'égard des deux parties.

et alors même que, dans tel cas donné, on pourrait admettre que celui qui a payé, se trouvait soumis à une obligation naturelle (1).

§ III. *Des délits et quasi-délits. — De la loi.*

139. Délits et quasi-délits.
140. Obligations qui résultent de l'autorité de la loi.

139. Tout fait quelconque de l'homme qui cause un dommage à autrui, oblige celui par la *faute* duquel il est arrivé, à le réparer. Toute infraction à une loi pénale quelconque qui cause un dommage à autrui, constitue un *délit* et fait naître simultanément une action *publique* (ou *criminelle*) pour l'application de la peine, et une action *privée* (ou *civile*), au profit de la partie lésée, pour obtenir la réparation du dommage. Tout autre acte illicite et dommageable constitue un *quasi-délit* et n'engendre qu'une action *civile* (2).

On répond non-seulement du dommage causé par son propre fait, mais encore de celui qui est causé, soit par certaines personnes, soit par des

---

(1) C'est ainsi que le paiement d'intérêts usuraires, stipulés par un traité secret, peut être répété. [L. 3 septembre 1807, art. 3].

(2) Art. 1310, 1382 et 1383, C. N.; 1-4 et 66-68, 1 C.; 53, 54 et 75, C. M — D'après les idées généralement reçues, les faits illicites et dommageables sont appelés *délits* ou *quasi-délits*, suivant qu'ils ont été commis *avec* ou *sans intention de nuire*. Mais la définition que nous avons adoptée, et qui, il est vrai, ne reproduit pas le langage des anciens jurisconsultes, nous semble plus simple, plus nette, plus rationnelle, plus conforme aux textes, et elle évite des doubles sens. — Voir Ortolan, *Éléments de droit pénal*, t. I, p. 236, et Bonjean. *Traité des actions*, t. II, p. 216.

choses dont on est propriétaire ou que l'on a sous sa garde. Cette responsabilité a pour base une présomption de *faute* de la part de ceux qui y sont soumis (1).

140. Enfin, les obligations résultent encore de l'autorité seule de la loi, indépendamment de la volonté de l'homme. C'est ainsi, par exemple, que la loi oblige les ascendants et les descendants à se fournir réciproquement des aliments ; le tuteur à gérer les biens du pupille confié à sa garde ; les propriétaires de fonds contigus à contribuer aux frais de bornage de leurs propriétés (2).

§ IV. — *De l'extinction des obligations.*

141. Du paiement.
142. De la novation.
143. De la remise de la dette.
144. De la compensation.
145. De la confusion.
146. De la perte de la chose due.
147. De l'action en nullité ou en rescision.
148. De la prescription extinctive.

141. Après avoir dit comment naissent les obligations, il faut dire comment elles s'éteignent (3).

---

(1) Art. 1384-1386, C. N. ; 73 et 74, C. P. — Voir encore L. 6 octobre 1791, tit. II, art. 27 ; Code forestier, art. 206 ; L. 15 avril 1829, art. 74 ; D. 9 janvier 1852, art. 12. — Ici, comme dans l'art. 1382, C. N., il faut entendre par le mot *faute*, toute action ou inaction contraire au droit d'autrui, si légère qu'elle puisse être. [Voir ci-dessus, p. 112, note 2].

(2) Art. 203-211, 450, 646 et 1370, C. N. — Voir ci-dessus, N° 136.

(3) Art. 1234, C. N. — Indépendamment des causes générales d'extinction dont nous allons parler, il en existe d'autres spéciales à telle ou telle matière.

Le paiement est l'accomplissement de la prestation qui forme la matière de l'obligation (1). Dans un sens restreint, ce mot s'applique plus spécialement à la prestation de sommes d'argent.

Lorsque le créancier reçoit son paiement d'un tiers qui, par l'effet de la loi ou de la convention, se trouve substitué à ses droits, on dit qu'il y a *subrogation* (2).

L'*imputation* de paiement, qui suppose entre le même créancier et le même débiteur l'existence de plusieurs dettes , est l'indication de celle qui sera éteinte par la somme payée ; elle est faite par le débiteur, par le créancier ou par la loi (3).

142. La novation est la substitution d'une nouvelle dette à l'ancienne qui se trouve éteinte avec toutes ses garanties accessoires. Elle peut s'opérer de trois manières : 1° par changement d'objet ; 2° par changement de débiteur ; 3° par changement de créancier (4).

143. La remise de la dette est l'acte par lequel un créancier renonce gratuitement à son droit de créance au profit de son débiteur. Elle est expresse ou tacite suivant qu'elle résulte d'un acte passé entre le débiteur et le créancier, ou d'un fait qui suppose nécessairement chez le débiteur l'intention d'éteindre la créance existant à son profit (5).

---

(1) Art. 1235-1248, C. N.
(2) Art. 1249-1254, C. N.
(3) Art. 1253-1256, C. N.
(4) Art. 1271-1281, C. N.
(5) Art. 1282-1288, C. N.

144. La compensation est l'extinction de deux dettes existant respectivement entre deux personnes, jusqu'à concurrence de la plus faible de ces deux dettes (1).

La compensation est *légale* ou *judiciaire.*

La compensation légale et celle qui, moyennant le concours de certaines conditions, s'opère de plein droit, même à l'insu du débiteur, à l'instant même où les deux obligations se trouvent coexister (2).

La compensation judiciaire est de deux sortes : simplement *facultative* ou *reconventionnelle.*

La compensation facultative est celle qui s'opère en vertu d'une exception proposée par celle des parties dans l'intérêt de laquelle la loi n'a pas admis la compensation légale (3).

La compensation reconventionnelle est celle à laquelle peut donner lieu une demande incidente formée par celle des parties dont la créance ne réunit pas toutes les conditions de la compensation légale (4).

145. La confusion est la réunion sur une même tête des qualités de créancier et de débiteur d'une seule et même obligation (5). Lorsque la cause qui a produit la confusion, vient à disparaître, la

---

(1) Art. 1289, C. N.

(2) Art. 1290-1292, 1295 et 1298, C. N.

(3) Art. 1293, C. N.; art. 581, 2° et 4° C. Pr.

(4) Art. 464, C. Pr.

(5) Art. 1300 et 1301, C. N.

créance qu'elle avait éteinte, renait, en général, avec tous ses accessoires, même à l'égard des tiers (1).

146. La perte de la chose due libère le débiteur puisqu'elle rend impossible l'accomplissement de l'obligation ; mais si celui-ci était en faute ou en demeure, il serait tenu envers le créancier à des dommages-intérêts (2).

147. L'action en nullité tend à faire déclarer nulle une obligation qui ne réunit par toutes les conditions voulues pour sa validité.

L'action en rescision est la voie juridique par laquelle on demande la rétractation d'une obligation d'ailleurs valable par elle-même, mais par suite de laquelle on a éprouvé quelque lésion. Cette action est tantôt un privilége réservé aux mineurs, tantôt un droit indistinctement accordé aux majeurs comme aux mineurs, mais seulement contre certains actes juridiques (3).

148. La prescription extinctive résulte, en général, de l'inaction du créancier pendant trente ans (4) ; mais la loi admet des prescriptions de moindre durée (5).

---

(1) Ex : art. 729, C. N.
(2) Art. 1302 et 1303, C. N.
(3) Art. 1304-1314, C. N.
(4) Art. 1234 et 2262, C. N. — Voir ci-dessus, p. 87, note 1.
(5) Art. 1792, 2270 et suivants, C. N.

Elle peut être *interrompue* par les poursuites du créancier ou par la reconnaissance que le débiteur fait du droit de celui contre lequel il prescrivait (1).

Elle est *suspendue* à l'égard des mineurs et des interdits pendant la minorité et l'interdiction, à l'égard des femmes mariées, dans certains cas (2). Toutefois, les prescriptions de cinq ans et au-dessous courent même contre les mineurs et les interdits, sauf le recours de ceux-ci contre leurs tuteurs (3).

CHAPITRE DEUXIÈME.

Obligations actives et passives de l'Etat.

------

149. Objet et division de ce chapitre.

149. Le domaine de l'Etat ne se compose pas uniquement de droits de propriété ou autres droits réels (4), mais encore de droits personnels ; en d'autres termes, l'Etat n'est pas seulement propriétaire, usufruitier, etc. : il est encore créancier ou débiteur. Le plan de ce travail nous conduit donc à rechercher quelles dettes ou créances de l'Etat résultent de chacune des cinq sources d'obli-

------

(1) Art. 2242-2250, C. N.

(2) Art. 2251-2250, C. N.

(3) Art. 2278, C. N.

(4) Voir ci-dessus, nos 97-112.

gations admises par le droit français, et à étudier les règles spéciales introduites dans le but de rendre plus sûre et plus régulière la marche des services publics ; tel sera l'objet de trois premiers paragraphes de ce chapitre. Dans un quatrième et dernier paragraphe, nous parlerons des modes d'extinction des obligations, en insistant sur ceux d'entre eux à l'égard desquels le droit administratif s'éloigne davantage du droit commun.

§ I. — *Des contrats dont l'Etat fait le plus fréquent usage* (1).

150. De la vente. — Marchés de fournitures. etc.
151. Echange de biens domaniaux.
152. De la concession.
153. Du louage. — Nombreuses applications.
154. Du prêt. — Dette flottante, etc.
155. Du mandat et des fonctions publiques.
156. Des contrats de garantie.

150. La vente, en droit administratif, est soumise à des règles différentes, suivant que l'Etat est acheteur ou vendeur.

Supposons d'abord l'Etat acheteur et, en même temps :

---

(1) Les contrats autres que ceux dont nous allons signaler les principales applications, sont loin d'être étrangers au droit administratif. Ainsi, par exemple, lorsque certains services sont mis en *régie intéressée* ; il se forme entre l'Etat et l'entrepreneur ou le comptable une sorte de société. Ainsi encore, l'Etat a souvent recours au contrat d'assurances terrestres ou maritimes. Nous avons déjà dit [ci-dessus, nº 101] que le contrat de donation est pour l'Etat un moyen d'acquérir. En un mot, l'Etat se sert ou peut servir de la plupart des contrats du droit civil et , en outre, de quelques contrats propres au droit administratif [Voir ci-après, nº 152].

1° Une vente mobilière. Les contrats par lesquels l'Etat se procure les objets mobiliers dont il a besoin pour les services publics, par exemple, les blés pour la nourriture des troupes, les fourrages pour l'alimentation des chevaux, les draps pour l'habillement de l'armée, etc. etc., sont connus sous le nom de *marchés de fournitures* (1). Sauf certaines exceptions qui se justifient par l'urgence, le peu d'importance ou la nature des choses à fournir, ou par la nécessité du secret, ces marchés doivent être passés avec publicité et concurrence, c'est-à-dire par voie d'adjudication publique (2). Pour la plupart des services, l'administration a fait rédiger des cahiers des charges, auxquels se réfère nécessairement toute adjudication (3).

2° Une vente immobilière : Les achats d'immeubles faits par l'Etat sont des contrats ordinaires dans lesquels l'Etat joue le rôle d'un simple particulier ; les actes sont passés dans la forme administrative, c'est-à-dire sans l'intervention d'un notaire. Ces contrats sont soumis à toutes les règles du droit commun (4).

Supposons maintenant l'Etat vendeur, et, en même temps :

---

(1) Voir ci-dessus, p. 121, note 5.

(2) L. 31 janvier 1833, art. 12 ; O. 4 décembre 1836.

(3) Voir, en ce qui concerne l'administration de la guerre, les cahiers des charges insérés au *Journal militaire officiel.*

(4) L. 28 octobre 1790, art. 14 ; D. 13 avril 1861, tableau D, N° 15, lettre *a* ; arrêté 30 juillet 1848.

1° Une vente mobilière. Ne pouvant parler ici de toutes les ventes de meubles faites par l'Etat, nous nous contenterons de dire que tous les objets hors de service, de quelque ministère ou service qu'ils proviennent, sont remis à l'administration des Domaines, pour être vendus avec publicité et concurrence. Cette règle n'admet que de rares exceptions (1).

2° Une vente immobilière. En thèse générale, les immeubles domaniaux dont la valeur estimative excède un million de francs, ne peuvent être aliénés, même partiellement ou par lots, qu'en vertu d'une loi. La vente a lieu avec publicité et concurrence, de la manière et aux conditions déterminées par un cahier des charges approuvé par le ministre des finances (2).

151. En général, l'échange des immeubles domaniaux ne peut avoir lieu qu'en vertu d'une loi. Il s'opère nécessairement de gré à gré, par voie de contrat passé entre le ministre des finances, représentant l'Etat, et le co-échangiste (3). Par exception, les terrains provenant de routes délaissées, peuvent être abandonnés à titre d'échange, sous la simple approbation du préfet, aux propriétaires des terrains sur lesquels des portions de routes neuves doivent être exécutées (4).

---

(1) O. 14 septembre 1822, art. 3 : 31 mai 1838, art. 18 ; D. 31 mai 1862, art. 43 ; 18 février 1863, art. 238, 239 et 728 ; 3 avril 1869, art. 247-255.

(2) L. 15 et 16 floréal, an X ; 5 ventôse, an XII ; 18 mai 1850, art. 2 ; 1er juin 1864.

(3) L. 24 mars 1790 ; 22 novembre 1790, art. 8 ; O. 12 décembre 1827.

(4) L. 20 mai 1836 ; 24 mai 1842. — Voir en ce qui concerne l'échange d'objets mobiliers, D. 3 avril 1869, art. 260 et 261.

152. On entend par *concession (lato sensu)* un contrat de gré à gré, passé entre l'Etat et une personne déterminée; c'est la contre-partie de l'adjudication qui a lieu avec publicité et concurrence. En ce sens, le mot concession ne désigne pas un contrat distinct, mais une forme sous laquelle tous les contrats peuvent se produire.

Mais on appelle plus particulièrement concession, un contrat *sui generis,* propre au droit administratif, par lequel l'Etat abandonne à une personne déterminée, à titre gratuit ou onéreux, soit pour un temps, soit pour toujours, la propriété ou la jouissance d'une partie du domaine national ou d'une chose qui n'appartient à personne.

Ce contrat peut avoir pour objet des mines (1), des landes incultes, les lais et relais de la mer, etc. (2). Dans ces derniers temps, l'Etat a été autorisé à concéder gratuitement aux émigrants de l'Alsace-Lorraine, des terres situées en Algérie (3).

Il s'applique encore à l'exécution des travaux publics. Dans ce cas, les concessionnaires sont rémunérés de leurs soins et dépenses, non au moyen d'une somme fixe directement payée par l'Etat, mais par la perception d'un péage imposé

---

(1) L. 21 avril 1810 et 17 juin 1840.
(2) L. 16 septembre 1807.
(3) L. 15 septembre 1871 ; D. 16 octobre 1871.

pour un temps plus ou moins long aux particuliers qui profitent du travail (1).

En principe, les concessions ne peuvent avoir lieu qu'en vertu d'une loi ; mais cette règle souffre beaucoup d'exceptions (2).

153. Nous arrivons maintenant au contrat de louage, très-important en droit administratif.

Occupons-nous d'abord du louage des choses. L'Etat peut être preneur ou bailleur ; examinons successivement ces deux hypothèses.

Pour loger ses troupes ou pour installer ses services, l'Etat est souvent obligé de prendre à bail, des édifices ou des emplacements. Ces baux sont toujours passés dans la forme administrative (3). — L'Etat loue encore des meubles, par exemple, des objets de literie pour le couchage des troupes (4).

L'Etat peut donner à bail, soit les immeubles

---

(1) Voir au *Bulletin des lois* les cahiers des charges annexés aux lois et décrets portant concession de chemins de fer. — L'exécution des travaux publics donne souvent lieu à un autre contrat qui, comme la concession, est propre au droit administratif : nous voulons parler du contrat qui se forme lorsque l'Etat accepte des offres de concours faites par des particuliers, des communes, des départements pour obtenir qu'un travail auquel ils sont intéressés, soit exécuté dans certaines conditions et dans certains délais. (L. 6 juin 1843, art. 13). Aujourd'hui, l'administration de la guerre a recours à ce contrat pour l'exécution des travaux relatifs à l'extension du casernement. (L. 4-11 août 1874).

(2) Ex : L. 16 septembre 1807, art. 41 ; 15 septembre 1871, art. 1er.

(3) Ex : Voir au *Journal militaire officiel* (2e s. 1859, p, 333), la formule d'un bail de location de bâtiments pour le service des subsistances.

(4) Le traité conclu avec l'entrepreneur des lits militaires comprend à la fois un louage de choses et un louage d'ouvrage.

mêmes qui font partie de son domaine privé, soit de simples droits sur les dépendances du domaine public, tels que le droit de récolter les fourrages qui croissent sur les terrains des fortifications, le droit de pêche dans les fossés des places de guerre ou dans les cours d'eau du domaine public. Ces divers baux sont soumis à des règlements particuliers, sauf l'application des règles du droit commun, lorsque les règlements n'y dérogent pas (1).

Voyons maintenant les applications des principales espèces de louage d'ouvrage et d'industrie.

Considérons d'abord le louage des ouvriers et domestiques, ou en général le louage des gens de travail qui s'engagent au service de quelqu'un. Il arrive qu'au lieu de traiter avec des entrepreneurs pour l'exécution de certains travaux, l'Etat a recours à la régie ; dans ce cas, il prend des ouvriers qui se louent à tant par jour, par mois ou par an (2). Dans les diverses administrations, nous trouvons un nombreux personnel de serviteurs, concierges, garçons de bureau, etc. Les engage-

---

(1) L. 28 octobre. — 5 novembre 1790, tit. II, art. 13, 15 et suivants ; art. 1712, C. N. — Voir au *Journal militaire officiel* (2ᵉ s. 1853, p. 382), le cahier des clauses et conditions générales des affermages militaires.

(2) Lorsque des ouvriers, au lieu d'être payés au jour, au mois ou à l'année, sont payés *à la tâche*, ils deviennent entrepreneurs pour la partie qu'ils traitent (art. 1799, C. N.).

ments et rengagements au service militaire présentent aussi les caractères juridiques du louage d'ouvrage (1).

L'entreprise de transports n'est pas d'une moins fréquente application. L'Etat fait exécuter beaucoup de transports par les chemins de fer (2) et la marine marchande (3). Citons encore les entreprises des convois militaires et celle dite des transports de la guerre (4). D'un autre côté, pour tirer parti du matériel affecté à l'exécution des transports qu'il n'abandonne pas à l'entreprise, l'Etat offre ses services au public et se fait lui-même entrepreneur de transports. C'est ainsi que les navires de l'Etat transportent chaque jour des marchandises et des voyageurs, sans parler, quant à présent, de la poste aux lettres et du télégraphe électrique (5).

---

(1) Voir ci-dessus, Nos 67 et 132. — Nous ne parlons pas maintenant de l'engagement des fonctionnaires, contrat *sui generis* qui offre plus d'analogie avec le mandat salarié qu'avec le louage d'ouvrage [Voir ci-après, No 155].

(2) Les cahiers des charges imposées aux compagnies concessionnaires portent invariablement, sous la rubrique : *Stipulations relatives à divers services publics,* une clause ainsi conçue : « Si le gouvernement avait besoin de diriger des troupes « ou un matériel militaire ou naval sur l'un des points desservis par le chemin de « fer, la compagnie serait tenue de mettre à sa disposition, pour la moitié de la taxe « du même tarif [celui fixé par le cahier des charges] tous ses moyens de trans- « port ». — Voir L. 24 juillet 1873, art. 26 et D. 1er juillet 1874, et ci-après No 160.

(3) Ex : Voir le cahier des charges du 20 mai 1870, pour l'exécution d'un service de correspondance et de transports par paquebots à vapeur entre Marseille, Alger et Oran.

(4) Voir pour les convois, le cahier des charges du 17 avril 1874, et, pour les transports de la guerre, le traité du 10 février 1868.

(5) Voir ci-après, No 165.

Enfin, le louage des entrepreneurs qui se chargent d'exécuter un travail par suite de devis et marchés, est un des contrats les plus fréquents en droit administratif. Et d'abord, c'est le mode le plus usité pour l'exécution des *travaux publics* (1) : travaux des ponts-et-chaussées, de la marine, du génie militaire (2), etc. Puis, pour ne parler que de l'administration de la guerre, voici bien d'autres applications : marchés pour l'entretien du matériel des lits militaires appartenant à l'Etat et le blanchissage du linge de la troupe (3); marchés relatifs à l'exploitation du travail des détenus dans les établissements péniteniaires de l'armée (4); contrats passés entre l'Etat et les hospices civilspour le traitement des militaires malades (5) ; marchés passés avec les maîtres ouvriers descorps de troupe (6) ; etc. etc.

---

(1) On entend par *travaux publics* tous les travaux entrepris par l'Etat, dans un but d'utilité publique, et pour lesquels il pourrait, dans le cas où il ne serait pas propriétaire du terrain sur lequel ils doivent être exécutés, recourir à l'expropriation pour cause d'utilité publique. Les travaux exécutés, dans les mêmes conditions, pour le compte d'un département, d'une commune, d'une compagnie ou même d'une simple association syndicale, sont aussi des travaux publics.

(2) Voir, en ce qui concerne les travaux du génie militaire qui, en général, s'adjugent sur série de prix, une instruction ministérielle du 7 mai 1857 et le devis général y annnexé.

(3) Marchés du 2 octobre 1865.

(4) Voir au *Journal militaire officiel* de 1856 le cahier des charges et condition pricipales sous lesquelles doivent être souscrits les marchés relatifs à l'établissement d'ateliers de travail dans les établissements pénitentiaires.

(5) Le traitement des militaires malades dans les hospices civiles a lieu moyennant un prix fixe par journée.

(6) Voir au Journal militaire officiel 1874 des modèles de marchés pour l'entretien de l'habillement, de l'équipement et de la coiffure dans les corps. —Il y a de ces

Pour le louage, comme pour la vente, l'Etat doit, en règle générale, procéder par voie d'adjudication publique (1).

154. L'Etat qui joue rarement le rôle de commodataire, remplit quelquefois celui de prêteur. C'est ainsi qu'il prête aux communes les armes nécessaires à l'armement des pompiers (2). On rencontre encore tous les éléments constitutifs du prêt à usage dans les contrats par lesquels l'Etat confie à des cultivateurs des chevaux qui ne sont pas actuellement indispensables pour le service de l'armée, à charge de les rendre à la première réquisition (3).

Le prêt de consommation se produit, en droit administratif, sous la double forme de prêt à intérêt et de constitution de rente. L'Etat est quelque fois prêteur (4), mais il emprunte beaucoup plus qu'il ne prête. Pour faire face à des dépenses urgentes, l'Etat émet des titres productifs d'intérêts et remboursables à échéances fixes ; ces titres connus sous le nom de *bons du Trésor* sont une des principales sources de la *dette flottante* (5).

---

maîtres ouvriers qui fournissent non seulement leur travail ou leur industrie, mais encore la matière [art. 1788-1790, C. N].

(1) L. 31 janvier 1833, art. 12 ; O. 4 décembre 1836.

(2) L. 13 juin 1851, art. 58 ; D. 4 mai 1873.

(3) Instructions ministérielles 3 juillet 1867 et 4 juillet 1871.

(4) On a vu, dans des moments de crise, l'Etat prêter des capitaux à l'agriculture et à l'industrie [L. 17 juillet 1856 et 1er avril 1860].

(5) Voir les lois annuelles de finances.

Les *obligatious du Trésor* ou *obligations trente-
naires* imaginées en 1857 (1). et les avances en
compte-courant faites par les trésoriers payeurs
généraux, sont encore des emprunts contractés
par l'Etat. Le contrat de constitution de rente, à peu
près tombé en désuétude dans le droit civil, est
devenu l'un des plus importants et des plus fréquents du droit administratif : les *rentes sur l'Etat*
proviennent d'emprunts successifs autorisés par
des lois pour satisfaire à des besoins extraordinaires ou pour couvrir les déficits des budgets an
térieurs ; elles forment ce qu'on appelle la *dette
fondée* ou *dette consolidée* (2).

155. L'Etat n'accepte pas de mandat, mais il
emploie plusieurs sortes de mandataires. Il lui
arrive de faire usage du mandat du droit commercial ou commission (3) ; il peut encore avoir recours au ministère des courtiers, des courtiers
maritimes, par exemple (4). Mais il y a une catégorie de mandataires de l'Etat qui doit surtout fixer
notre attention ; nous voulons parler des fonctionnaires *(lato sensu)* et autres agents des services
publics. Le contrat qui se forme entre eux et

---

(1) L. 23 juin 1857, art. 21 ; D. 22 décembre 1858 ; L. 29 juin 1861 ; D.
4 juillet 1861.

(2) L'Etat étant toujours réputé solvable, il n'y a pas lieu d'apppliquer aux
rentes sur l'Etat les articles 1912 et 1913, C. N.

(3) D. 31 mai 1862, art. 93 , D. 3 avril 1869, art. 141 et 142.

(4) O. 4 décembre 1836, art. 2, 10°.

l'Etat est presque toujours un mandat salarié. En échange de ses services, le fonctionnaire ou agent à droit à un traitement, et, plus tard, à une pension de retraite s'il réunit les conditions nécessaires pour en obtenir une. Laissant de côté ce qui concerne les traitements et pensions civils, nous ne nous occuperons que des traitements et pensions militaires (1).

Le traitement militaire comprend :

1° La solde proprement dite qui varie suivant les positions et les armes. Elle est fixée par des ordonnances ou décrets auxquels les lois du budget servent de base. Toutefois la loi a établi certains rapports entre les soldes qui correspondent aux diverses positions (2).

2° D'autres allocations en argent, de nature très-variable : suppléments de solde, indemnités, gratifications, etc. etc., et enfin des frais de route (3).

3° Des allocations en nature : effets d'habillement, campement, harnachement ; vivres et fourrages, éclairage et chauffage ; etc., etc. Le taux en est fixé par des tarifs dont l'énumération serait aussi inutile que fastidieuse (4).

---

(1) Il faut remarquer que les traitements et pensions n'ont le caractère d'un dette contractuelle qu'à l'égard de ceux qui se sont volontairement liés au service. Quant aux autres, les obligations de l'État envers eux et leurs obligations envers l'Etat ne résultent que de la seule autorité de la loi.

(2) L. 19 mai 1834, art. 15-17 ; O. 25 décembre 1837 ; 10 mai 1844 ; L. 10 juillet 1874 ; D. 19 novembre 1874.

(3) D. 12 juin 1857.

(4) Voir ci-dessus, nos 103-112.

La pension de retraite est due aux militaires, soit à raison d'ancienneté, mais sans aucune condition d'âge, soit par suite d'infirmités ou blessures provenant du service. Les veuves des militaires ont aussi droit à une pension qui est, suivant les cas, du quart ou de la moitié du maximum assigné au grade dont le mari était titulaire. Les enfants mineurs ont droit à un secours annuel (1). Quant aux militaires qui se retirent du service sans droits acquis à la retraite, ils peuvent, sous certaines conditions, obtenir, soit une solde ou pension de réforme (2), soit des gratifications de réforme (3). Enfin, des secours peuvent être concédés à d'anciens militaires, à leurs veuves et orphelins, et même à leurs ascendants (4).

156. Il est rare que l'Etat contracte de véritables cautionnements, mais il exige souvent de ceux avec lesquels il traite, des cautions qui s'engagent solidairement avec le principal obligé (5).

Aujourd'hui, l'Etat ne donne plus de gages, mais il lui arrive souvent d'en prendre. En dehors du droit de rétention qui lui appartient comme à tout créancier (6), l'Etat à un véritable droit de

---

(1) L. 11 avril 1831 ; O. 2 juillet 1831 ; L. 19 mai 1834, art. 14 ; 26 avril 1855 ; 26 avril 1856 ; L. 25 juin 1861 ; D. 20 août 1864 ; L. 10 avril 1869 ; 5 janvier 1872 ; 27 novembre 1872 : 10 juillet 1874 ; D. 25 janvier 1875 ; L. 19 mars 1875. — En outre, certains emplois sont réservés aux sous-officiers des armées de terre et de mer [L. 24 juillet 1873 ; D. 28 octobre 1874].

(2) L. 19 mai 1834, art. 18-21 ; O. 25 décembre 1837, art. 625-650.

(3) D. 3 octobre 1852 ; 3 janvier 1857.

(4) Voir une circulaire ministérielle de la guerre, en date du 15 mars 1875.

(5) Voir les divers cahiers des charges en usage dans l'administration de la guerre

(6) Arrêté 24 messidor an XI.

gage sur les *cautionnements en numéraire* ou *en rentes sur l'Etat*, exigés de certains fonctionnaires ; des comptables, fournisseurs et entrepreneurs (1). Quant à l'antichrèse, elle est aussi inusitée en droit administratif qu'en droit civil.

L'Etat ne peut être débiteur hypothécaire que lorsqu'il l'est aux droits d'un particulier ; mais il est fréquemment créancier hypothécaire. Les hypothèques consenties par les comptables, fournisseurs et entrepreneurs, sur leurs biens immobiliers, forment ce qu'on appelle des *cautionnements en immeubles* (2).

<h3 align="center">§ II. — Des quasi-contrats.</h3>

157. Gestion d'affaires. Comptables de fait.
158. Réception de l'indu. Trop-payés en argent ou en nature.

157. C'est par application des règles du droit commun sur la gestion d'affaires que toute personne qui s'est immiscée dans le maniement des deniers publics, est considérée comme *comptable de fait* et assujettie à l'obligation de rendre compte. (3). Nous trouvons encore un quasi-contrat de gestion d'affaires dans la vente que l'Etat fait opérer par ses agents, des effets appartenant à des militaires décédés dans les hôpitaux (4).

---

(1) L. 25 nivôse et 6 ventôse an XIII ; D. 31 mai 1862, *passim* ; 3 avril 1869, art. 37, 62 et 181 ; 4 septembre 1874, etc.

(2) Voir la note précédente.

(3) O. 14 septembre 1822, art. 17 ; L. 18 juillet 1837, art. 64 ; D. 31 mai 1862, art. 25 ; art. 258, C. P.

(4) Règlement ministériel 1er avril 1831, art. 935-946 ; O. 26 décembre 1842 ; 11 juin 1844, art. 2.

158. La répétition de l'indû se produit souvent en droit administratif et surtout dans l'administration de la guerre. Il arrive chaque jour qu'il a été trop payé sur ordonnances ou mandats ; que des parties prenantes ont reçu un nombre de rations plus grand que celui auquel elles avaient droit (1).

La répétition de l'indû est également admise contre l'Etat, mais avec des restrictions dont le détail nous ferait sortir des limites que nous nous sommes assignées.

§ III. — *Des délits et quasi-délits. — De la loi.*

159. Délits et quasi-délits. — Responsabilité des fonctionnaires.

160. Obligations qui résultent de l'autorité de la loi. — Des impôts.

161. Contributions directes et taxes assimilées.

162. Contributions indirectes.

163. Douanes.

164. Droits d'enregistrement, de timbre, etc.

165. Postes et Télégraphes.

159. L'Etat, comme toute autre personne morale, ne saurait commettre des délits ou quasi-délits ; mais il doit répondre du fait de ses agents, par exemple, des délits commis par les officiers dans l'exercice de leurs fonctions, des dommages causés par les militaires dans leurs manœu-

____

(1) D. 31 mai 1862, art. 44-46 et 369 ; 3 avril 1869, art. 183-185 et 262 ; O. 25 décembre 1837, art. 587, 588 594-596. — Voir L. 24 avril 1833, art. 1er.

vres (1). Du reste, les auteurs du dommage peuvent être poursuivis directement par la partie lésée (2).

L'Etat doit, comme un simple particulier, répondre du dommage causé, soit par un animal à lui appartenant, soit par la ruine d'un de ses âbtiments arrivée par suite de défaut d'entretien ou par vice de construction (3).

160. Nous passons maintenant aux obligations qui dérivent de l'autorité seule de la loi. Le droit administratif en offre de nombreux exemples parmi lesquels nous remarquerons : l'appel au service militaire (4), l'obligation imposée aux habitants de loger les troupes de passage ou en station, avec ou sans indemnité (5), l'obligation pour

---

(1) L. 24 jnillet 1873, art. 28. — Il faut remarquer que si l'Etat n'a pas le choix des soldats qu'il lève pour son service, il a au moins le choix des officiers qu'il leur donne [Voir ci-dessus, nos 66-69].

(2) L'art. 75 de la constitution de l'an VIII est maintenant aboli [D. 19-21 septembre 1870]. — Il n'est pas toujours vrai de dire qu'un agent de l'Etat peut s'affranchir de toute responsabilité, en produisant un ordre de son supérieur hiérarchique [art. 114, C. P. ; dernier article de nos lois annuelles de finances]. Ajoutons que, même dans le cas où il peut se placer sous la protection de l'art. 114, C. P., et échapper à l'action *pénale*, l'agent n'en reste pas moins soumis à l'action *civile* [art. 1382, C. N.]. — Voir Rossi, *Droit pénal*, t. II, chap. XIII ; Faustin-Hélie, t. I, p. 542 ; Boitard sur l'art. 114, C. P. ; Bertauld, *Cours de code pénal*, p. 361 ; Ortolan, *Eléments de droit pénal*, t. I, p. 185-191 ; Vivien, *Etudes administratives*, t. I, p. 75-80 ; Bluntschli, *Allgemeines Staatsrecht*, t. II, p 131.

(3) Art. 1385 et 1386, C. N. — Le premier cas s'est déjà présenté plusieurs fois pour accidents causés par des chevaux de troupe. Nous ne connaissons pas d'exemple du second.

(4) Voir ci-dessus, no 66.

(5) L. 10 juillet 1791 ; 23 mai 1792-18 janvier 1793, art. 26-52.

les compagnies de chemins de fer, en cas de mobilisation ou de guerre, de mettre à la disposition du ministre tous les moyens nécessaires pour les mouvements et la concentration des troupes et du matériel de l'armée (1). Telle est encore l'obligation de payer les impôts ; cette matière exige quelques détails qui feront l'objet des cinq numéros suivants.

161. Les contributions directes sont au nombre de quatre : foncière (2), personnelle et mobilière (3), des portes et fenêtres (4), des patentes (5). Les principales taxes assimilées aux contributions directes sont : la taxe des biens de mainmorte (6); les redevances annuelles des mines (7) ; les taxes pour la vérification des poids et mesures (8) ; la contribution sur les chevaux et voitures (9).

La Direction générale des contributions directes dont la hiérarchie comprend, au-dessous du directeur général, les directeurs de département, les inspecteurs, contrôleurs et surnuméraires, est chargée d'établir l'assiette et de participer à la répartition des contributions directes et taxes assi-

---

(1) L. 24 juillet 1873, art. 26 ; L. 13-27 mars 1875, art. 22-27.

(2) L. 23 novembre 1790 et 3 novembre 1798.

(3) L. 23 novembre et 18 décembre 1790 ; 26 mai 1831 et 21 avril 1832.

(4) L. 24 novembre 1798 et 21 avril 1832.

(5) L. 22 octobre 1798 ; 25 avril 1844 ; 18 mai 1850.

(6) L. 29 février 1849.

(7) L. 28 avril 1810, art. 33-39 ; D. 27 juin 1866.

(8) Arrêté 13 brumaire an IX ; O. 17 avril 1839.

(9) L. 2 juillet 1862 ; 16 septembre 1871, art. 7; 23 juillet 1872, art. 5-11.

milées. Le recouvrement de ces contributions est confié à une agence de perception composée, dans chaque département, d'un trésorier payeur général, de receveurs particuliers et de percepteurs (1). A Paris, l'assiette, la répartition et le recouvrement des contributions directes sont soumis à des règles spéciales.

162. Les contributions qu'on appelle spécialement *contributions indirectes*, quoique plusieurs autres impôts offrent le même caractère, sont notamment : les droits sur les boissons (2), sur le sucre (3), sur le sel (4), sur les voitures publiques (5), les licences pour l'exercice de certaines professions (6), la vente des poudres et salpêtres (7), la vente des tabacs (8). Plusieurs de ces impôts n'ont pas un caratère purement fiscal puisqu'ils comprennent le prix d'une chose fournie par l'Etat.

L'administration des contributions indirectes forme une direction générale qui dépend du minis-

---

(1) L'art 25 de la loi du 29 décembre 1873 a attribué aux percepteurs le recouvrement d'une certaine catégories d'amendes et de frais dont les receveurs de l'enregistrement étaient autrefois chargés.

(2) L. 1er septembre 1871.

(3) L. 8 juillet 1871.

(4) L. 28 décembre 1848 ; 19 mars 1852 ; D. 19 février 1868 et 8 novembre 1869.

(5) L. 15 juillet 1855 ; 16 septembre 1871, art. 12.

(6) L. 1er septembre 1871, art. 6.

(7) Même loi, art. 11 ; D. 13 novembre 1873.

(8) L. 29 décembre 1810 ; 28 avril 1816 ; 4 septembre 1871.

tère des finances. Dans chaque département, sous l'autorité et le contrôle d'un directeur, le personnel se divise en agents du *service actif*, chargés de la recherche et de la constatation de l'impôt, et agents du *service sédentaire*, chargés de percevoir l'impôt constaté par le service actif.

163. On entend par douanes des droits perçus aux frontières à l'importation ou à l'exportation de certaines marchandises. Parmi ces droits, les uns sont établis sur la valeur des marchandises *(ad valorem)*; d'autres *(droits spécifiques)*, sur des quantités, sans distinction de valeur vénale. Les animaux, suivant leur espèce, paient un droit par tête, quels que soient leur poids et leur prix.

On peut concevoir trois réglementations différentes du régime douanier, savoir : la prohibition, la protection et le libre échange (1).

L'administration centrale des douanes forme une direction générale du ministère des finances (2). Dans les départements, sous l'autorité d'un directeur, le personnel se divise en deux catégories principales : le service actif et le service sédentaire.

164. L'administration de l'enregistrement et des domaines dont nous avons déjà signalé les

---

(1) Par le traité conclu avec l'Angleterre, le 23 janvier 1860, la France a fait un grand pas dans la voie du libre-échange [Voir L. 25-29 juillet 1873, etc. — Voir, en ce qui concerne les approvisionnements que la guerre et autres départements ministériels tirent de l'étranger, L. 29 mai-18 octobre 1871 et D. 6 juin 1807.

(2) D. 19 mars 1869.

attributions en ce qui concerne la conservation et la gestion du domaine de l'Etat (1), est en outre préposée à la perception de divers droits dont les principaux sont :

1° Les droits d'enregistrement et de mutation perçus sur les actes civils ou judicaires, et sur les transmissions de propriétés mobilières ou immobilières (2).

2° Les droits de timbre, taxes assises sur l'emploi d'un papier portant un timbre ou marque déterminée par la loi (3).

3° Les droits d'hypothèque qui comprennent ceux de transcription (4).

La direction générale de l'enregistrement et des domaines est représentée dans les départements par un directeur qui réside au chef-lieu de chacun d'eux et a sous ses ordres des inspecteurs vérificateurs et receveurs. Il y a un conservateur des hypothèques dans chaque ressort de tribunal de 1ere instance, et, en général, dans la ville ou siége ce tribunal.

165. L'administration des postes qui rend un service au public en même temps qu'elle fait une

---

(1) Voir ci-dessus, n° 102.

(2) L. 22 frimaire an VII ; 23 août 1871 ; 28 février 1872 ; 19 frévrier 1874.

(3) L'impôt du timbre réorganisé par la loi du 13 brumaire an VII, a été modifié par beaucoup de lois postérieures, surtout par les lois annuelles de finances — Voir L. 23 août 1871 ; 30 mars 1872 ; 19 février 1874.

(4) L. 21 ventôse an VII ; art. 2146 et suiv. C. N. ; L. 23 mars 1855 ; 5-16 Janvier 1875. — Voir ci-dessus, n°s 95 et 96.

recette pour l'Etat, comprend deux services : la poste aux lettres et la poste aux chevaux. Elle a le monopole du transport des lettres, journaux, ouvrages périodiques, etc., etc. La direction générale des postes relève du ministère des finances. Dans chaque département, un directeur est chargé de l'ensemble des services ; un contrôleur vérifie la façon dont les employés remplissent leur devoir, et enfin un receveur principal, justiciable de la cour des comptes, centralise toutes les opérations de la comptabilité du département. (1).

De même, la transmission des dépêches par la télégraphie électrique constitue à la fois un service rendu au public et une source de revenus qui augmentent chaque jour. Malgré les affinités de ce service avec celui des postes, la direction générale des lignes télégraphiques est placée sous l'autorité du ministre de l'intérieur. Toutefois, le service des bureaux dits municipaux et autres d'ordre inférieur est confié aux agents des postes, et les autres bureaux doivent être installés dans la même maison que le bureau des postes ou

---

(1) L. 26 août 1790 ; 22 septembre 1792 ; arrêté 16 juin 1801 ; L. 24 août 1848 ; L. 24 août 1871. — Voir l'ordonnance du 17 novembre 1844 sur les franchises postales, et le *Manuel des franchises* réimprimé en 1856 et souvent modifié depuis. — O. 2 novembre 1833, art. 189-194 [infanterie] et 149-154 [cavalerie]. — Voir une note ministérielle de la guerre en date du 8 septembre 1874.

dans les meilleures conditions possibles de proximité (1).

§ IV. — *De l'extinction des obligations.*

166. Sauf en ce qui concerne le paiement et la prescription extinctive qui présentent, en droit administratif, des particularités remarquables, et dont nous traiterons dans les sept numéros suivants, les règles du droit commun sur l'extinction des obligations s'appliquent aux dettes et créances de l'Etat sous les quelques modifications qui suivent. La remise de la dette ne peut être accordée que par décret rendu sur le rapport du ministre liquidateur et sur l'avis du ministre des finances et du conseil d'Etat (2). La compensation entre le fisc et ses débiteurs ne s'opère qu'autant que

---

(1) Voir, en ce qui concerne l'organisation de l'administration des lignes télégraphiques, D. 20 janvier 1862 ; 28 janvier 1865 et 28 juillet 1866 ; L. 24 juillet 1873, art. 27 ; 16 décembre 1873 ; D. 19 novembre 1874 ; — L. 13-27 mars 1875, art. 19-21. — Tarif. L. 4 juillet 1868 et 29 mars 1872. Voir en ce qui concerne les franchises télégraphiques les arrêtés ministériels des 19 avril et 9 décembre 1859.

(2) L. 29 juin 1852, art. 13.

la créance ou la dette dépendent de la même caisse ou régie; elle ne peut avoir lieu entre le débet et le cautionnement des comptables (1). Il est admis que la confusion ne peut pas nuire au fisc.

167. Pour traiter avec méthode du paiement des dettes et créances de L'Etat (2), il faut d'abord parler du *budget*, c'est-à-dire de l'acte par lequel sont prévues et autorisées les dépenses et les recettes de l'Etat pour une période de temps qu'on appelle l'*exercice*. L'exercice s'ouvre au premier janvier de l'année qui lui donne son nom, mais sa durée se prolonge au delà du **31** décembre suivant, et varie par rapport aux diverses opérations que nécessite l'exécution du budget. A l'expiration de ces délais, l'exercice est seulement *clos*; cinq ans après son ouverture, l'exercice est *périmé* (3).

Le budget, présenté par le pouvoir exécutif, est discuté et voté par le pouvoir législatif (4). Il se divise en budget des dépenses et budget des recettes.

Le budget des dépenses se subdivise en quatre parties, savoir :

---

(1). L. 21-23 septembre 1792. — V. O. 25 décembre 1837, art 588.

(2) Il n'est ici question que des dettes et créances de sommes d'argent.

(3) Voir ci-après, n° 173.

(4) Le budget des *dépenses sur ressources spéciales* et des recettes corrélatives [ci-après, n° 174] et le budget des *services spéciaux rattachés pour ordre au budget* de l'Etat [ci-après n° 176] sont présentés au pouvoir législatif en même temps que le budget de l'Etat.

1° *Dette publique et dotations.* — C'est dans cette première partie que figurent les sommes destinées au paiement des pensions militaires.

2° *Services généraux des ministères.* — Cette seconde partie embrasse les dépenses de tous les services publics, à l'exception de ceux qui font l'objet de la troisième partie.

3° *Frais de régie, de perception et d'exploitation des impôts et revenus publics.*

4° *Remboursements et restitutions, non-valeurs, primes et escomptes.*

Le budget des dépenses est voté par *chapitre* avec interdiction de *virement* d'un chapitre à un autre. La somme allouée pour chaque dépense porte le nom de *crédit*. Il ne peut être dérogé aux prévisions du budget des dépenses que par des crédits *supplémentaires* ou *extraordinaires*, qui, sauf le cas de prorogation de l'Assemblée nationale, ne peuvent être ouverts que par une loi (1).

Quant au budget des recettes ou budget des voies et moyens, il consiste dans l'évaluation du produit des divers impôts et de tous autres revenus de l'Etat. Ses éléments étant trop nombreux pour être l'objet d'indications sommaires, nous renvoyons le lecteur aux lois annuelles de finances et aux divers états annexés à ces lois.

Lorsque, par suite de circonstances extraordinaires, le budget ne peut être voté avant le com-

---

(1) D. 31 mai 1862, art. 1-60 ; L. 16 septembre-12 octobre 1871, art. 30-33. — Voir les lois annuelles de finances.

mencement de l'année financière, le gouvernement n'a d'autre ressource que de demander à la législature de voter des *douzièmes provisoires.*

Outre la fixation des dépenses et des recettes, nos lois annuelles de finances contiennent assez souvent d'autres dispositions, des règles de comptabilité, par exemple, qui pourraient être établies par des lois distinctes de celle du budget (1).

168. Supposons maintenant que les dépenses prévues par le budget aient été réalisées, les créanciers de l'Etat ne pourront obtenir le paiement de leurs créances qu'autant qu'elles auront été *liquidées* et *ordonnancées.*

La liquidation est la constatation des droits des créanciers d'après les pièces justificatives à produire par eux, dans les délais voulus, et dans la forme déterminée par les règlements spéciaux à chaque service (2). La liquidation définitive appartient exclusivement au ministre dans le ressort duquel la créance se trouve (3).

L'ordonnancement est la délivrance du titre au moyen duquel les créanciers peuvent obtenir leur paiement des caisses de l'Etat. Ce titre s'appelle *ordonnance* ou *mandat* suivant qu'il émane d'un

---

(1) Voir la note précédente.

(2) Voir, en ce qui concerne le département de la guerre, la nomenclature annexée au décret du 3 avril 1869.

(3) Pour les règles spéciales à la liquidation des pensions, voir L. 11 avril 1831, art. 23, 26, etc. ; 9 juin 1853, art. 19, 24 et 35 ; D. 31 mai 1362, art. 258 et 259.

ministre *(ordonnateur direct)* ou d'un de ses délégués *(ordonnateurs secondaires)*. Il ne doit être délivré que pour un service fait (1), porter sur un crédit préalablement ouvert, être accompagné de pièces constatant qu'il a pour objet d'acquitter, en tout ou en partie, une dette de l'Etat régulièrement justifiée (2).

169. Ces règles générales d'ordonnancement reçoivent exception en ce qui concerne la solde et et les frais de route qui peuvent et quelquefois doivent être ordonnancés d'avance, et, en cas d'urgence, malgré l'insuffisance des crédits ouverts, être acquittés immédiatement, sur la réquisition écrite de l'ordonnateur, sauf imputation sur le plus prochain crédit (3). De plus, les pièces justificatives des mandats de solde *(revues de liquidation)* (4) et des mandats de frais de route *(résumés généraux trimestriels)* (5), au lieu d'être produites au payeur en même temps que ces mandats, sont ultérieurement adressées par les ordonnateurs au ministre de la guerre qui les transmet à son collègue des finances comme complément de la comptabilité des comptables de la dépense.

170. Parlons maintenant de la réalisation des

---

(1) Voir ci-après, n°s 169 et 171.

(2) D. 31 mai 1862, art. 82-89 et 296-302 ; D. 1er mai 1867 ; D. 3 avril 1869. — Voir numéro suivant.

(3) D. 31 mai 1862, art. 92 ; 3 avril 1869, art. 127, 128, 130 et 141.

(4) O. 25 décembre 1837, art. 504-518, 530 et suivants ; D. 31 mai 1862, art. 88.

(5) D. 12 juin 1867, art. 111 ; 31 mai 1862, art. 88.

recettes et de leur appplication au paiement des dépenses.

La perception des revenus publics comprend en général la liquidation, la notification, la recette et les poursuites. Elle est confiée à des *comptables* responsables dont les fonctions sont incompatibles avec celles d'administrateur et d'ordonnateur. Toutes les ressources recueillies par ces agents sont centralisées, dans chaque département, par le trésorier-payeur général, et, à Paris, par le caissier-payeur central (1).

La *Direction du mouvement général des fonds* est chargée, au ministère des finances, d'appliquer les ressources aux dépenses, dans toute l'étendue du territoire.

Aucun ministère n'a de payeur spécial, et, depuis la suppression des anciens payeurs, les comptables de la recette sont en même temps les comptables de la dépense. Les ordonnances et mandats sont payés, dans chaque département, par le trésorier-payeur général ou, sur son *visa*, par les receveurs particuliers et percepteurs et, au besoin, par tous autres détenteurs des deniers de l'Etat, et, à Paris, par le caissier-payeur central (2).

Les comptables de la dépense peuvent refuser le paiement pour défaut d'indication ou épuisement

---

(1) D. 31 mai 1862, art. 14, 17, 36, 37, 306 et suivants. — Voir ci-dessus, n°s 102, 150, 153, 160-165. — Voir ci-après, n° 178.

(2) D. 31 mai 1862, art 85, 339 et suivants, 351 ; 21 novembre 1865 ; 1er mai 1867. — Voir L. 13-28 mars 1875, art. 19.

de crédits, pour insuffisance de pièces justificatives ou irrégularité matérielle dans ces pièces ;
mais, dans ce cas, l'ordonnateur peut requérir le
paiement et il en devient responsable. Le paiement
peut encore être refusé pour cause d'opposition
ou saisie-arrêt (1).

171. Nous venons de voir les créanciers de l'Etat
recevoir *directement* des caisses du trésor le
montant de leurs créances préalablement liquidées
et ordonnancées par les ordonnateurs, mais les
choses ne se passent pas toujours ainsi ; exemples :

Pour faciliter l'exploitation des services régis
par économie au compte de l'Etat, il peut être fait
aux agents spéciaux de ces services des avances
en bloc pour l'acquittement en détail de dépenses
à la charge de l'Etat, à la condition de rapporter
à l'agent du Trésor, dans un délai déterminé, la
quittance des créanciers réels (2).

La solde des militaires des corps de troupe
n'est pas directement perçue par chacun d'eux,
mais par l'intermédiaire des conseils d'administration ou commandants des corps ou détache-
ments (3).

Les corps de troupe sont souvent appelés à

---

(1) D. 31 mai 1862, art. 90-93, 148-151. — Voir ci-après n°s 201
et 226.

(2) D. 31 mai 1862, art. 94 ; 3 avril 1869, art. 169-178 et 185.

(3) O. 10 mai 1844, art. 146 et suivants. — Voir encore O. 25 décembre 1837.

solder des dépenses de l'Etat avec des fonds reçus par eux pour un tout autre objet, mais actuellement disponibles, et le montant de ces avances est plus tard rétabli dans leur caisse au moyen d'ordonnances ou mandats (1).

Enfin, beaucoup de menues dépenses concernant l'administration de la guerre sont acquittées sur certains fonds appelés *masses* et alimentés par des subventions de l'Etat et autres ressources spéciales (2).

172. Revenons aux comptables et aux ordonnateurs ; les uns et les autres doivent rendre compte.

Pour les comptables, il s'agit de savoir si la gestion a été exacte, fidèle, conforme aux règles ; c'est une investigation qui, de sa nature, participe de l'action judiciaire. C'est pourquoi les comptes des comptables *principaux*, après avoir été centralisés au ministère des finances où ils sont l'objet d'une vérification préalable, sont ensuite jugés par la cour des comptes (3).

Quant aux ordonnateurs, il ne suffit pas que leur administration ait été exempte de fraude, de

---

(1) Ex : Règlement ministériel 1ᵉʳ mars 1854 [entretien et conservation des armes]. art. 148 ; etc., etc.

(2) Ces masses étant bien connues de nos lecteurs, toute indication de texte serait ici parfaitement inutile.

(3) D. 31 mai 1862, art. 306-371 et 375. — Voir ci-après, nᵒˢ 218-221. — Quant aux comptables *subordonnés* qui agissent sous la responsabilité des comptables principaux, ils ne rendent compte qu'à ceux-ci.

dilapidation, il faut encore rechercher si elle a été capable, intelligente et dévouée ; c'est une question d'ordre supérieur, une question politique. Les ordonnateurs secondaires rendent compte aux ministres (1). Les comptes ministériels après avoir subi un double contrôle par leur rapprochement 1° avec le résultat des écritures de la comptabilité générale au ministère des finances, ou avec le compte général des finances auquel ces écriturès servent de base ; 2° avec les résultats des arrêts rendus par la cour des comptes sur les comptes individuels des comptables, sont soumis au pouvoir législatif appelé à voter la loi des comptes portant règlement du dernier exercice clos (2).

173. Maintenant, deux mots sur la prescription extinctive.

Supposons d'abord la prescription opposée à l'Etat par ses débiteurs. Toutes les actions personnelles que l'Etat peut exercer, se prescrivent par trente ans à moins qu'il n'existe une prescription plus courte, comme cela a lieu pour les actions de

---

(1) D. 31 mai 1862, art. 296-305. — L'art. 296 veut que les écritures de ministres soient tenues en partie double , c'est-à-dire que chaque opération doit être passée sur deux comptes distincts, ce qui permet de contrôler chaque article de compte par un article correspondant.

(2) D. 31 mai 1862, art. 107, 127, 152 et suivants, 191-195 et 436-447. — oir le *Bulletin des lois*.

l'Etat tendant au recouvrement des impôts (1).

Passons à l'hypothèse inverse, celle de l'Etat débiteur. Appliquée aux dettes de l'Etat, la prescription extinctive du droit civil prend le nom de *déchéance*. Sont prescrites et définitivement éteintes au profit de l'Etat, sans préjudice des déchéances prononcées par des lois antérieures ou consenties par des marchés ou conventions, toutes créances qui, n'ayant pas été acquittées avant la clôture des crédits de l'exercice auquel elles appartiennent, n'auraient pu, à défaut de justifications suffisantes, être liquidées, ordonnancées et payées dans un délai de cinq ans à partir de l'ouverture de l'exercice, pour les créanciers domiciliés en Europe, et de six ans pour des créanciers domiciliés dans les autres parties du monde. Ces dispositions ne s'appliquent pas aux créances dont l'ordonnancement et le paiement n'auraient pu être effectués dans les délais déterminés, par le fait de l'administration ou par suite de pourvois formés devant le conseil d'Etat (2).

---

(1) Ex : en matière de contributions directes, le droit de poursuites se prescrit par trois ans à partir de l'exigibilité [L. 23 novembre 1790, art. 10 ; 3 frimaire an VII, art. 149].

(2) L. 29 janvier 1831, art. 9 et 10. — Voir en ce qui concerne les pensions, L. 11 avril 1831, art. 26 et L. 9 juin 1853, art. 22.

CHAPITRE TROISIÈME.

Obligations actives et passives des départements, des communes et de divers établissements publics.

174. **Obligations actives et passives du département. — Budget départemental.**
175. **Obligations actives et passives des communes. — Budget communal.**
176. **Budget de la Légion-d'honneur, de la dotation de l'armée, etc., etc.**

174. Comme l'Etat, le département peut acheter et vendre, échanger, donner ou prendre des biens à bail ou à ferme, etc. etc., en un mot, faire usage de tous les contrats de droit commun. Les actes sont passés en la forme administrative par le préfet, en vertu des délibérations du conseil général et de la commission départementale (1). Les règles relatives aux engagements qui se forment sans convention s'appliquent sans aucune difficulté aux départements. Ceux-ci , en leur qualité de personnes morales, ne peuvent commettre de délits ; mais ils peuvent en être responsables. Il y a pour les départements, comme pour l'Etat, des obligations qui dérivent de la seule autorité de la loi ; telle est l'obligation de pourvoir au casernement de la gendarmerie (2). Comme l'Etat, le département perçoit des impôts qui se composent

---

(1) L. 10-29 août 1871, art. 46, 48, 53, 54, etc. — Voir ci-dessus, nos 74, 75, 76 et 113.

(2) Même loi, art. 46, 4o, 60, 2o et 61.

uniquement de centimes additionnels au principal des contributions directes (1).

Le projet de budget du département est préparé par le préfet, communiqué à la commission départementale, puis délibéré par le conseil général et définitivement réglé par décret. L'ensemble des budgets départementaux est rattaché au budget de l'Etat (2) ; les comptables des recettes et dépenses du département sont les mêmes que ceux de l'Etat, c'est-à-dire les trésoriers-payeurs généraux et leurs préposés. Ces comptables ne peuvent payer que sur mandats délivrès par le préfet dans la limite des crédits ouverts par le budget départemental et des ordonnances de délégation des ministres. Le conseil général entend et débat les comptes d'administration qui lui sont présentés par le préfet, concernant les recettes et dépenses du budget départemental. Les observations du conseil sur les comptes soumis à son examen sont adressés directement par son président au ministre de l'intérieur. Ces comptes provisoirement arrêtés par le conseil général et définitivement réglés par décret, sont rendus publics par la voie de l'impression (3).

---

(1) Même loi, art. 40, 41 et 58. — Voir les lois annuelles de finances.

(2) Nous avons dit ci-dessus [p. 153 note 4] que le budget sur ressources spéciales est soumis au pouvoir législatif en même temps que budget général de l'Etat. — Voir les lois annuelles de finances.

(3) L. 10-29 août 1871, art. 57-67. — Voir encore D. 31 mai 1862, art. 452, 472 et suivants.

175. Comme l'Etat et le département, la com
mune peut contracter. Les actes sont passés dans
la forme administrative par le maire, en vertu
d'une délibération du conseil municipal, qui,
dans certains cas, doit être soumise à l'approbation du préfet (1). Les règles relatives aux engagements qui se forment sans convention, s'appliquent aux communes comme aux départements
et à l'Etat. Comme les autres personnes morales,
les communes ne sauraient commettre de délits,
mais elles peuvent en être responsables ; c'est
ainsi qu'elles répondent des délits auxquels leurs
habitants ont coopéré, où qu'elles ont laissé se
commettre quand elles auraient pu les empêcher
(2). L'impôt communal présente une variété qui,
toutes proportions gardées, le fait ressembler à
l'impôt général de l'Etat. La commune a ses contributions directes (centimes additionnels communaux, prestations pour les chemins vicinaux,
taxe sur les chiens (3), etc.) et les contributions
indirectes (taxes d'octroi (4), etc.)

Le budget de chaque commune, dressé par le
maire et délibéré par le conseil municipal, est réglé par arrêté du préfet. Toutefois, pour les villes
dont les revenus excèdent cent mille francs, le
budget, lorsqu'il donne lieu à des impositions ex-

---

(1) Voir ci-dessus, n°s 78, 79 et 114.
(2) L. 10 vendémiaire an IV ; Code forestier, art. 72 et 82.
(3) L. 28 juin 1833, art. 13 ; 21 mai 1836, art. 2 ; 2 mai 1855.
(4) L. 28 avril 1816, art 147.

traordinaires proprement dites, est réglé par décret. Les budgets des villes dont le revenu égale ou dépasse trois millions, sont toujours réglés par un décret. L'ordonnateur des dépenses est le maire. L'agent comptable de la recette et de la dépense est le receveur municipal dont les fonctions sont très-habituellement remplies par le percepteur des contributions directes de l'Etat. Le compte d'administration des recettes et dépenses communales établi par le maire est soumis au conseil municipal et définitivement arrêté par l'autorité qui a réglé le budget. Le conseil municipal délibère également sur les comptes du receveur (1).

176. Après le département et la commune viennent les personnes morales dont nous avons précédemment signalé l'existence (2). Comme il suffit de lire les textes déjà indiqués pour se former une idée sommaire assez exacte du régime financier de la caisse des dépôts et consignations, de la caisse des offrandes nationales, des asiles d'aliénés et des hospices civils (3), nous nous contenterons de dire un mot du budget de la dotation de l'armée et du budget de la Légion d'honneur.

---

(1) L. 18 juillet 1837 ; 24 juillet 1867 ; D. 31 mai 1862, art. 434-546. — Voir ci-après, nᵒˢ 209 et 219.

(2) Voir ci-dessus, nᵒ 81 et p. 90, note 1.

(3) Voir encore : 1ᵒ en ce qui concerne la caisse des dépôts et consignations, **D. 31 mai 1862**, art. 823-860 et D. 22 décembre 1874 ; 2ᵒ en ce qui concerne les asiles d'aliénés et les hospices civils, D. 31 mai 1862, art. 547-568 et art. 571-574.

Les recettes et dépenses de la dotation de l'armée sont portées pour ordre dans les tableaux du budget général de l'Etat. Les budgets et comptes détaillés de ce service sont annexés aux budgets et aux comptes du département de la guerre. Les agentsde la recette et de la dépense sont les préposés dela caisse des dépôts et consignations. Ces comptables effectuent les paiements autorisés par le directeur général de cette dernière caisse ; certaines dépenses sont payées sur la présentation de bordereaux vérifiés et arrêtés par les membres de l'Intendance (1).

Les budgets et comptes de la Légion-d'honneur sont annexés à ceux du ministre de la justice. Comme pour la dotation de l'armée, le service de la recette et de la dépense est fait par la caisse des dépôts et consignations. L'ordonnateur des dépenses est le grand chancelier (2).

---

(1) Voir ci-dessus p. 74, note 2. — Voir encore D. 9 janvier 1856 ; 31 mai 1862, art. 189, 766-779 et 823 ; décisions du ministre de la guerre 4 décembre 1863 et 10 octobre 1868.

(2) Voir ci-dessus, p. 75, notes 1 et 2. — Voir encore D. 31 mai 1862, art. 189 et 711-712 ; circulaire du ministre de la guerre 15 mai 1861 et circulaire du grand chancelier 24 octobre 1872.

Saint-Brieuc, Imprimerie L. PRUD'HOMME.